1203 D1

LETTRE APOSTOLIQUE

Dies Domini

du Saint-Père

JEAN PAUL II

aux Évêques, aux Prêtres,
aux Familles religieuses
et aux Fidèles de l'Église catholique
sur la sanctification du Dimanche

PIERRE TÉQUI *éditeur*
82 rue Bonaparte - 75006 Paris

ISBN : 2-7403-0586-9

Vénérés Frères dans l'épiscopat
et dans le sacerdoce,
Chers Frères et Sœurs,

1. LE JOUR DU SEIGNEUR – ainsi que fut désigné le dimanche dès les temps apostoliques[1] – a toujours été particulièrement honoré dans l'histoire de l'Église, à cause de son lien étroit avec le cœur même du mystère chrétien. En effet, dans le rythme hebdomadaire, le dimanche rappelle le jour de la résurrection du Christ. C'est la *Pâque de la semaine*, jour où l'on célèbre la victoire du Christ sur le péché et sur la mort, l'accomplissement de la première création en sa personne et le début de la « création nouvelle » (cf. *2 Co* 5, 17). C'est le jour où l'on évoque le premier jour du monde dans l'adoration et la reconnaissance, et c'est en même temps, dans l'espérance qui fait agir, la préfiguration du « dernier jour », où le Christ viendra dans la gloire (cf. *Ac* 1, 11 ; *1 Thess* 4, 13-17) et qui verra la réalisation de « l'univers nouveau » (cf. *Ap* 21, 5).

L'exclamation du psalmiste : « Voici le jour que fit le Seigneur, pour nous allégresse et joie » (*Ps* 118 [117], 24) convient donc bien au dimanche. Cette invitation à la joie, reprise par la liturgie de Pâques, est marquée par la stupeur dont furent saisies les femmes qui

1. Cf. *Ap* 1, 10 : « *Kyriakè hèmera* » ; cf. aussi *Didachè* 14, 1 : *SC* 248, pp. 192-193 ; S. IGNACE D'ANTIOCHE, *Aux Magnésiens*, 9, 1-2 : *SC* 10, pp. 88-89.

avaient assisté à la crucifixion du Christ, quand, étant allées au tombeau « de grand matin, le premier jour après le sabbat » (*Mc* 16, 2), elles le trouvèrent vide. C'est une invitation à revivre, en quelque sorte, l'expérience des deux disciples d'Emmaüs, qui sentirent « leur cœur tout brûlant au-dedans d'eux-mêmes », tandis que le Ressuscité les accompagnait sur le chemin, en leur expliquant les Écritures et en se révélant à « la fraction du pain » (cf. *Lc* 24, 32.35). C'est l'écho de la joie, d'abord hésitante, puis irrésistible, qu'éprouvèrent les Apôtres au soir de ce même jour, lorsqu'ils eurent la visite de Jésus ressuscité et qu'ils reçurent le don de sa paix et de son Esprit (cf. *Jn* 20, 19-23).

2. La résurrection de Jésus est la donnée première sur laquelle repose la foi chrétienne (cf. *1 Co* 15,14) : c'est une réalité stupéfiante, perçue en plénitude dans la lumière de la foi, mais attestée historiquement par ceux qui eurent le privilège de voir le Seigneur ressuscité ; c'est un événement merveilleux qui ne se détache pas seulement d'une manière absolument unique dans l'histoire des hommes, mais qui se place *au centre du mystère du temps*. Comme le rappelle en effet le rite de la préparation du cierge pascal, dans la liturgie expressive de la nuit de Pâques, c'est au Christ qu'« appartiennent le temps et les siècles ». C'est pourquoi, faisant mémoire du jour de la résurrection du Christ, non seulement une fois par an, mais tous les dimanches, l'Église entend montrer à chaque génération ce qui constitue l'axe porteur de l'histoire, auquel se rattachent le mystère des origines et celui de la destinée finale du monde.

Il est donc légitime de dire, comme le suggère l'homélie d'un auteur du IVe siècle, que le « jour du Seigneur » est le « seigneur des jours »[2]. Ceux qui ont

2. Pseudo-Eusebe d'Alexandrie, *Homélie 16* : *PG* 86, 416.

reçu la grâce de croire au Seigneur ressuscité ne peuvent que percevoir la signification de ce jour hebdomadaire avec l'émotion vibrante qui faisait dire à saint Jérôme : « Le dimanche est le jour de la résurrection, le jour des chrétiens, c'est notre jour »[3]. Il est en effet pour les chrétiens le « jour de fête primordial »[4], destiné non seulement à marquer le déroulement du temps, mais à en révéler le sens profond.

3. Son importance fondamentale, toujours reconnue au cours de deux mille ans d'histoire, a été réaffirmée avec force par le Concile Vatican II : « Selon la tradition apostolique dont l'origine remonte jusqu'au jour même de la résurrection du Christ, l'Église célèbre le mystère pascal chaque huitième jour, qui est nommé à juste titre jour du Seigneur ou jour dominical »[5]. Paul VI a souligné une nouvelle fois cette importance lorsqu'il a approuvé le nouveau Calendrier général romain et les Normes universelles qui règlent le déroulement de l'année liturgique.[6] La proximité du troisième millénaire, qui pousse les croyants à réfléchir à la lumière du Christ sur le déroulement de l'histoire, les invite aussi à redécouvrir le sens du dimanche avec une nouvelle intensité, son « mystère », la valeur de sa célébration, sa signification pour l'existence chrétienne et humaine.

Je prends acte volontiers des nombreuses interventions du magistère et des initiatives pastorales que vous-mêmes, mes Frères dans l'épiscopat, individuellement ou conjointement – bien assistés par votre

3. *In die dominica Paschæ* II, 52 : *CCL* 78, p. 550.
4. CONC. ŒCUM. VAT. II, Constitution sur la sainte Liturgie *Sacrosanctum concilium*, n. 106.
5. *Ibid.*
6. Cf. Motu proprio *Mysterii paschalis* (14 février 1969) : *AAS* 61 (1969), pp. 222-226.

clergé – vous avez conduites sur ce thème important, dans les années qui ont suivi le Concile. Au seuil du grand Jubilé de l'An 2000, j'ai voulu vous offrir cette Lettre apostolique pour soutenir votre engagement pastoral en un domaine à ce point vital. Mais je désire en même temps m'adresser à vous tous, chers fidèles, comme si je me rendais spirituellement présent dans les différentes communautés, là où, chaque dimanche, vous vous rassemblez avec vos pasteurs pour célébrer l'Eucharistie et le « jour du Seigneur ». Bien des réflexions et des sentiments qui inspirent cette Lettre apostolique ont mûri pendant mon épiscopat à Cracovie et, après le début de mon ministère d'Évêque de Rome et de Successeur de Pierre, dans les visites aux paroisses romaines, effectuées avec régularité les dimanches des différentes périodes de l'année liturgique. Dans cette Lettre, il me semble donc que je continue le dialogue vivant que j'aime entretenir avec les fidèles, en réfléchissant avec vous sur le sens du dimanche et en soulignant les raisons de le vivre comme un véritable « jour du Seigneur », même dans les conditions nouvelles de notre époque.

4. En effet, il n'échappe à personne que, jusqu'à un passé relativement récent, la « sanctification » du dimanche était facilitée, dans les pays de tradition chrétienne, par une large participation populaire et, pour ainsi dire, par l'organisation même de la société civile, qui prévoyait le repos dominical comme un élément constant des normes relatives aux différentes activités professionnelles. Mais aujourd'hui, même dans les pays où les lois garantissent le caractère férié de ce jour, l'évolution des conditions socio-économiques a souvent fini par modifier profondément les comportements collectifs et, par conséquent, la physionomie du dimanche. On a vu largement s'affirmer la pratique du « week-end », au sens de temps de dé-

tente hebdomadaire, passé parfois loin de la demeure habituelle et souvent caractérisé par la participation à des activités culturelles, politiques, sportives, dont le déroulement coïncide en général précisément avec les jours fériés. Il s'agit là d'un phénomène social et culturel qui n'est pas dépourvu d'aspects positifs, dans la mesure où il peut contribuer, dans le respect des valeurs authentiques, au développement humain et au progrès de la vie sociale dans son ensemble. Il ne répond pas seulement à la nécessité du repos, mais aussi au besoin de « faire une fête » qui est inné en l'être humain. Malheureusement, lorsque le dimanche perd son sens originel et se réduit à n'être que la « fin de la semaine », il peut arriver que l'homme, même en habits de fête, devienne incapable de faire une fête, parce qu'il reste enfermé dans un horizon si réduit qu'il ne peut plus voir le ciel.[7]

Aux disciples du Christ, en tout cas, il est demandé de ne pas confondre la célébration du dimanche, qui doit être une vraie sanctification du jour du Seigneur, avec la « fin de semaine », comprise essentiellement comme un temps de simple repos ou d'évasion. À ce sujet, il est urgent de parvenir à une maturité spirituelle authentique, qui aide les chrétiens à « être eux-mêmes », en pleine harmonie avec le don de la foi, toujours prêts à rendre compte de l'espérance qui est en eux (cf. *1 P* 3, 15). Cela ne peut que favoriser aussi une compréhension plus profonde du dimanche, pour qu'il soit vécu, même dans des situations difficiles, avec une docilité totale à l'Esprit Saint.

5. De ce point de vue, on se trouve en face d'une assez grande diversité de situations. Il y a, d'un côté,

7. Cf. Note pastorale de la Conférence épiscopale italienne « *Il giorno del Signore* » (15 juillet 1984), n. 5 : *Enrichiridion C.E.I.* 3, n. 1398.

l'exemple de certaines jeunes Églises, qui montrent avec quelle ferveur on peut animer la célébration dominicale, dans les villes comme dans les villages les plus isolés. Au contraire, dans d'autres régions, à cause des difficultés d'ordre sociologique déjà mentionnées et peut-être à cause d'une foi trop peu motivée, on enregistre un pourcentage particulièrement bas de participation à la liturgie dominicale. Dans la conscience de nombreux fidèles semble diminuer non seulement le sens de l'aspect central de l'Eucharistie, mais aussi celui du devoir de rendre grâce au Seigneur, en le priant avec les autres au sein de la communauté ecclésiale.

À tout cela s'ajoute, dans les pays de mission et dans ceux qui ont été évangélisés à une date ancienne, le fait que la pénurie de prêtres empêche parfois d'assurer la célébration eucharistique dominicale dans toutes les communautés.

6. Face à ce contexte de nouvelles situations et de questions qui en résultent, il semble plus que jamais nécessaire de *reprendre les raisons doctrinales profondes* qui se trouvent à la base du précepte ecclésial, afin que tous les fidèles comprennent clairement la valeur irremplaçable du dimanche dans la vie chrétienne. Ce faisant, nous suivons les traces de la tradition constante de l'Église, vigoureusement rappelée par le Concile Vatican II quand il a enseigné que, le dimanche, « les fidèles doivent se rassembler pour entendre la Parole de Dieu et participer à l'Eucharistie, et faire ainsi mémoire de la passion, de la résurrection et de la gloire du Seigneur Jésus, en rendant grâces à Dieu qui les a 'régénérés pour une vivante espérance par la résurrection de Jésus Christ d'entre les morts' (*1 P* 1, 3) ».[8]

8. Const. sur la sainte Liturgie *Sacrosanctum Concilium*, n. 106.

7. En effet, le devoir de sanctifier le dimanche, surtout par la participation à l'Eucharistie et par un repos riche de joie chrétienne et de fraternité, se comprend bien si l'on considère les nombreuses dimensions de cette journée, auxquelles nous prêterons attention dans cette Lettre.

C'est un jour qui se trouve au cœur même de la vie chrétienne. Si, depuis le début de mon pontificat, je ne me suis pas lassé de répéter : « N'ayez pas peur ! Ouvrez toutes grandes les portes au Christ ! »,[9] je voudrais aujourd'hui vous inviter tous avec insistance à redécouvrir le dimanche : *N'ayez pas peur de donner votre temps au Christ !* Oui, ouvrons notre temps au Christ, pour qu'il puisse l'éclairer et l'orienter. C'est lui qui connaît le secret du temps comme celui de l'éternité, et il nous confie « son jour » comme un don toujours nouveau de son amour. La redécouverte de ce jour est la grâce à implorer, non seulement pour vivre pleinement les exigences propres de la foi, mais aussi pour donner une réponse concrète aux aspirations les plus vraies de tout être humain. Le temps donné au Christ n'est jamais un temps perdu, mais plutôt un temps gagné pour l'humanisation profonde de nos relations et de notre vie.

9. Homélie lors de l'inauguration solennelle de mon pontificat (22 octobre 1978), n. 5 : *AAS* 70 (1978), p. 947.

Chapitre I

DIES DOMINI
La célébration de l'œuvre du Créateur

« *Tout fut faït par lui* » (*Jn* 1, 3)

8. Pour l'expérience chrétienne, le dimanche est avant tout une fête pascale, totalement illuminée par la gloire du Christ ressuscité. C'est la célébration de la « nouvelle création ». Compris en profondeur, ce caractère est évidemment inséparable du message que l'Écriture, dès ses premières pages, nous offre sur le dessein de Dieu dans la création du monde. S'il est vrai, en effet, que le Verbe s'est fait chair à la « plénitude des temps » (*Ga* 4, 4), il n'en est pas moins vrai qu'en vertu de son mystère même de Fils éternel du Père, il est l'origine et la fin de l'univers. C'est ce qu'affirme Jean, dans le prologue de son Évangile : « Tout fut par lui et sans lui rien ne fut » (1, 3). C'est aussi ce que Paul souligne, lorsqu'il écrit aux Colossiens : « C'est en lui qu'ont été créées toutes choses, dans les cieux et sur la terre, les visibles et les invisibles [...]. Tout a été créé par lui et pour lui » (1, 16). Cette présence agissante du Fils dans l'œuvre créatrice de Dieu a été pleinement révélée par le mystère pascal, dans lequel le Christ, ressuscitant comme « prémices de ceux qui se sont endormis » (*1 Co* 15, 20), a inauguré la nouvelle création et ouvert la voie à ce qu'il achèvera lui-même au moment de son retour glorieux, « lorsqu'il remettra la royauté à Dieu le Père [...], afin que Dieu soit tout en tous » (*1 Co* 15, 24.28).

Dès le matin de la création, le projet de Dieu impliquait donc cette « mission cosmique » du Christ. Cette *perspective christocentrique*, projetée sur tout le déroulement du temps, était présente au regard bienveillant de Dieu lorsque, arrêtant tout son travail, « il bénit le septième jour et le sanctifia » (*Gn* 2, 3). C'était alors – d'après l'auteur sacerdotal du premier récit biblique de la création – la naissance du « sabbat », qui caractérise si fortement la première Alliance et annonce en quelque sorte le jour sacré de l'Alliance nouvelle et définitive. Le thème même du « repos de Dieu » (cf. *Gn* 2, 2) et du repos offert par lui au peuple de l'exode avec l'entrée dans la terre promise (cf. *Ex* 33, 14; *Dt* 3, 20; 12,9; *Jos* 21, 44; *Ps* 95 [94], 11) est relu dans le Nouveau Testament sous une lumière nouvelle, celle du « repos sabbatique » définitif (*He* 4, 9), où le Christ lui-même est entré par sa résurrection et dans lequel le peuple de Dieu est appelé à entrer, en persévérant sur le chemin de son obéissance filiale (cf. *He* 4, 3-16). Il est donc nécessaire de relire la grande page de la création et d'approfondir la théologie du « sabbat », pour entrer dans la pleine compréhension du dimanche.

« Au commencement, Dieu créa le ciel et la terre » (*Gn* 1, 1)

9. Le style poétique du récit de la création dans la Genèse rend bien l'émerveillement qui saisit l'homme à la vue de l'immensité de la création et le sentiment d'adoration qu'il en éprouve pour Celui qui a tiré du néant toutes choses. Il s'agit d'une page à la forte signification religieuse, une hymne au Créateur de l'univers, qui est désigné comme l'unique Seigneur face aux tentations récurrentes de diviniser le monde lui-même; c'est en même temps une hymne à

la bonté du créé, tout entier modelé par la main puissante et miséricordieuse de Dieu.

« Dieu vit que cela était bon » (*Gn* 1, 10.12, etc.). Ce refrain qui scande le récit *jette une lumière favorable sur tous les éléments de l'univers*, laissant en même temps entrevoir le secret de sa juste compréhension et de sa possible régénération : le monde est bon dans la mesure où il reste ancré dans son origine et, après avoir été souillé par le péché, il redevient bon si, avec l'aide de la grâce, il se tourne vers Celui qui l'a fait. Cette dialectique, évidemment, ne concerne directement ni les choses inanimées ni les animaux, mais les êtres humains, auxquels il a été accordé de recevoir le don incomparable de la liberté, mais aussi d'en courir le risque. Immédiatement après les récits de la création, la Bible met précisément en évidence le contraste dramatique qui existe entre la grandeur de l'homme, créé à l'image et à la ressemblance de Dieu, et sa chute, qui ouvre dans le monde l'histoire ténébreuse du péché et de la mort (cf. *Gn* 3).

10. Sorti comme il l'est des mains de Dieu, le cosmos porte la marque de sa bonté. C'est un monde beau, digne qu'on l'admire et qu'on en jouisse, mais aussi destiné à être cultivé et développé. L'« achèvement » de l'œuvre de Dieu ouvre le monde au travail de l'homme. « *Dieu conclut au septième jour l'ouvrage qu'il avait fait* » (*Gn* 2, 2). À travers cette évocation anthropomorphique du « travail » divin, la Bible ne nous donne pas seulement une ouverture sur le rapport mystérieux entre le Créateur et le monde créé, mais elle jette aussi une lumière sur la mission de l'homme à l'égard du cosmos. Le « travail » de Dieu est en quelque manière exemplaire pour l'homme. Celui-ci, en effet, n'est pas seulement appelé à habiter, mais aussi à « construire » le monde, en se faisant

ainsi « collaborateur » de Dieu. Comme je l'écrivais dans l'encyclique *Laborem exercens*, les premiers chapitres de la Genèse constituent en un sens le premier « évangile du travail ».[10] C'est une vérité que souligne également le Concile Vatican II : « L'homme, créé à l'image de Dieu, a reçu l'ordre de soumettre la terre et tout ce qui y est contenu, de gouverner le monde en justice et sainteté et, en reconnaissant Dieu comme Créateur de toutes choses, de lui rapporter sa personne et l'ensemble des réalités, de façon que, tout étant soumis à l'homme, le nom même de Dieu soit objet d'admiration sur toute la terre ».[11]

L'histoire exaltante du développement de la science, de la technique et de la culture dans leurs différentes expressions – développement toujours plus rapide et même aujourd'hui vertigineux – est le fruit, dans l'histoire du monde, de la mission par laquelle Dieu a confié à l'homme et à la femme la tâche et la responsabilité de remplir la terre et de la soumettre par le travail, en observant sa Loi.

Le « shabbat », repos joyeux du Créateur

11. Si, dans la première page de la Genèse, le « travail » de Dieu est un exemple pour l'homme, son « repos » l'est également : « *Au septième jour, il chôma, après tout l'ouvrage qu'il avait fait* » (*Gn* 2, 2). Ici aussi, nous sommes face à un anthropomorphisme riche de sens.

Le « repos » de Dieu ne peut être banalement interprété comme une sorte d'« inaction » de Dieu. En effet, l'acte créateur qui fonde le monde est de par sa nature permanent, et Dieu ne cesse jamais d'être à

10. N. 25 : *AAS* 73 (1981), p. 639.

11. Constitution pastorale sur l'Église dans le monde de ce temps *Gaudium et spes*, n. 34.

l'œuvre, ainsi que Jésus lui-même prend soin de le rappeler au sujet du précepte du sabbat : « Mon Père est à l'œuvre jusqu'à présent et j'œuvre moi aussi » (*Jn* 5, 17). Le repos divin du septième jour n'évoque pas un Dieu inactif, mais il souligne la plénitude de la réalisation accomplie et exprime en quelque sorte la pause faite par Dieu devant l'œuvre « très bonne » (*Gn* 1, 31) sortie de ses mains, pour porter sur elle *un regard plein d'une joyeuse satisfaction* : c'est un regard « contemplatif », qui ne vise plus de nouvelles réalisations, mais plutôt la jouissance de la beauté de ce qui a été accompli ; un regard porté sur toutes les choses, mais en particulier sur l'homme, sommet de la création. C'est un regard dans lequel on peut déjà en quelque sorte apercevoir la dynamique « sponsale » du rapport que Dieu veut établir avec la créature faite à son image, en l'appelant à s'engager dans un pacte d'amour. C'est ce qu'il réalisera progressivement, dans la perspective du salut offert à l'humanité entière, par l'alliance salvifique établie avec Israël et qui culminera ensuite avec le Christ : ce sera précisément le Verbe incarné, par le don eschatologique de l'Esprit Saint et la constitution de l'Église comme son corps et son épouse, qui étendra à toute l'humanité l'offrande de miséricorde et la proposition de l'amour du Père.

12. Dans le dessein du Créateur, il y a une distinction, mais aussi un lien étroit entre l'ordre de la création et l'ordre du salut. L'Ancien Testament le souligne déjà, quand il met le commandement concernant le « *shabbat* » en rapport non seulement avec le mystérieux « repos » de Dieu après les jours de l'activité créatrice (cf. *Ex* 20, 8-11), mais aussi avec le salut offert par lui à Israël *lors de la libération de l'esclavage d'Égypte* (cf. *Dt* 5, 12-15). Le Dieu qui se repose le septième jour en se réjouissant de sa création est ce-

lui-là même qui montre sa gloire en libérant ses fils de l'oppression du pharaon. Dans l'un et l'autre cas, on pourrait dire, selon une image chère aux prophètes, qu'*il se manifeste comme l'époux face à l'épouse* (cf. *Os* 2, 16-24; *Jér* 2, 2; *Is* 54, 4-8).

Pour aller en effet au cœur du « shabbat », du « repos » de Dieu, comme le suggèrent certaines données de la tradition hébraïque elle-même,[12] il faut saisir l'intensité sponsale qui caractérise, dans l'Ancien Testament comme dans le Nouveau, le rapport de Dieu avec son peuple. C'est ce qu'exprime par exemple cette merveilleuse page d'Osée : « Je conclurai pour eux une alliance, en ce jour-là, avec les bêtes des champs, avec les oiseaux du ciel et les reptiles du sol; l'arc, l'épée, la guerre, je les briserai et les bannirai du pays, et eux, je les ferai reposer en sécurité. Je te fiancerai à moi pour toujours; je te fiancerai dans la justice et dans le droit, dans la tendresse et dans la miséricorde; je te fiancerai à moi dans la fidélité et tu connaîtras le Seigneur » (2, 20-22).

« Dieu bénit le septième jour et le sanctifia »

(*Gn* 2, 3)

13. Le précepte du sabbat, qui prépare dans la première Alliance le dimanche de la nouvelle et éternelle Alliance, s'enracine donc dans la profondeur du dessein de Dieu. C'est précisément pour cette raison

12. Le sabbat est vécu par nos frères juifs selon une spiritualité « sponsale », comme on le voit, par exemple, dans les textes de *Genesi Rabbah* X, 9 et XI, 8 (cf. J. Neusner, *Genesis Rabbah*, vol. I, Atlanta 1985, p. 107 et p. 117). Le chant *Leka dôdi* est aussi de tonalité nuptiale : « Pour toi, ton Dieu sera heureux/comme l'époux est heureux de son épouse [...]. Au milieu des fidèles de ton peuple bien-aimé, viens, ô épouse, reine *Shabbat* » (*Preghiera serale del sabato*, éd. A. Toaff, Rome 1968-69, p. 3).

qu'il n'est pas placé à côté des prescriptions purement cultuelles, comme dans le cas de tant d'autres préceptes, mais à l'intérieur du Décalogue, des « dix paroles » qui décrivent les piliers de la vie morale, universellement inscrite dans le cœur de l'homme. En situant ce commandement dans la perspective des structures fondamentales de l'éthique, Israël puis l'Église montrent qu'ils ne le considèrent pas comme une simple disposition de discipline religieuse communautaire, mais comme *une expression constitutive et indispensable du rapport avec Dieu* annoncé et proposé par la révélation biblique. C'est dans le même ordre d'idées que ce précepte doit être aujourd'hui redécouvert par les chrétiens. Même s'il présente une convergence naturelle avec le besoin humain de repos, c'est néanmoins à la foi qu'il faut avoir recours pour en saisir le sens profond et ne pas risquer de le banaliser et de le trahir.

14. Le jour du repos est donc tel, d'abord parce qu'il est le jour « béni » par Dieu et « sanctifié » par lui, autrement dit séparé des autres jours pour être, entre tous, le « jour du Seigneur ».

Pour comprendre pleinement le sens de cette « sanctification » du sabbat dans le premier récit biblique de la création, il faut regarder l'ensemble du texte, où l'on voit clairement comment chaque réalité, sans exception, doit être ramenée à Dieu. Le temps et l'espace lui appartiennent. Il n'est pas le Dieu d'un seul jour, mais le Dieu de tous les jours de l'homme.

Si donc il « sanctifie » le septième jour par une bénédiction spéciale et s'il en fait « son jour » par excellence, il faut comprendre cela dans la dynamique profonde du dialogue d'alliance, et même du dialogue « sponsal ». C'est un dialogue d'amour qui ne connaît pas d'interruption, sans être monotone pour autant : il se déroule en effet selon les différents registres de l'amour, depuis les manifestations ordinaires et indirectes jusqu'aux plus intenses, que les paroles de l'Écriture et les témoignages de nombreux mystiques ne craignent pas de décrire avec des images tirées de l'expérience de l'amour nuptial.

15. En réalité, toute la vie de l'homme et tout le temps de l'homme doivent être vécus comme louange et action de grâce envers le Créateur. Mais la relation de l'homme avec Dieu *a également besoin de temps de prière explicite*, où le rapport devient un dialogue intense, qui engage tous les aspects de la personne. Le « jour du Seigneur » est, par excellence, le jour de cette relation dans laquelle l'homme élève à Dieu son chant, en se faisant la voix de toute la création.

C'est précisément pourquoi il est aussi *le jour du repos* : l'interruption du rythme souvent oppressant des occupations traduit, dans le langage expressif de la « nouveauté » et du « détachement », la reconnaissance de la dépendance de la personne et du cosmos par rapport à Dieu. *Tout est de Dieu!* Le jour du Seigneur vient continuellement affirmer ce principe. Le « sabbat » a donc été interprété de manière suggestive comme un élément déterminant dans la sorte d'« architecture sacrée » du temps qui caractérise la révélation biblique[13] Il est là pour rappeler que *le cosmos et l'histoire appartiennent à Dieu*, et que l'homme ne peut se consacrer à son œuvre de collaborateur du Créateur dans le monde sans prendre constamment conscience de cette vérité.

13. Cf. A. J. Heschel, *The sabbath. Its meaning for modern man* (22e éd., 1995), pp. 3-24.

« Faire mémoire » pour « sanctifier »

16. Le commandement du Décalogue par lequel Dieu impose l'observance du sabbat est, dans le livre de l'Exode, formulé de manière caractéristique : « Tu te souviendras du jour du sabbat pour le sanctifier » (20, 8). Plus loin, le texte inspiré en donne le motif, lorsqu'il rappelle l'œuvre de Dieu : « Car en six jours le Seigneur a fait le ciel, la terre, la mer et tout ce qu'ils contiennent, mais il s'est reposé le septième jour; c'est pourquoi le Seigneur a béni le jour du sabbat et l'a consacré » (v. 11). Avant d'imposer quelque chose à *faire*, le commandement signale quelque chose dont il faut *faire mémoire*. Il invite à ranimer la mémoire de l'œuvre de Dieu, grande et fondamentale, qu'est la création. Cette mémoire doit vivifier toute la vie religieuse de l'homme pour déboucher sur le jour où l'homme est appelé à *se reposer*. Le repos revêt ainsi comme une valeur sacrée caractéristique : le fidèle est invité à se reposer non seulement *comme* Dieu s'est reposé, mais à se reposer *dans* le Seigneur, en lui remettant toute la création, par la louange, l'action de grâce, l'intimité filiale et l'amitié sponsale.

17. Le thème du « souvenir » des merveilles accomplies par Dieu, en rapport avec le repos du sabbat, apparaît aussi dans le texte du Deutéronome (5, 12-15), où le fondement du précepte est situé non pas tant dans l'œuvre de la création que dans celle de la libération opérée par Dieu dans l'Exode : « Tu te souviendras que tu as été en servitude au pays d'Égypte et que le Seigneur ton Dieu t'en a fait sortir d'une main forte et d'un bras étendu; c'est pourquoi le Seigneur ton Dieu t'a commandé de garder le jour du sabbat » (*Dt* 5, 15).

Cette formulation apparaît complémentaire de la précédente : prises ensemble, elles révèlent le sens du « jour du Seigneur » dans une perspective unitaire de théologie de la création et du salut. Le contenu du précepte n'est donc pas d'abord une simple *interruption* du travail, mais la *célébration* des merveilles opérées par Dieu.

Dans la mesure où ce « souvenir », *plein de reconnaissance et de louange pour Dieu*, est vif, le repos de l'homme, le jour du Seigneur, prend sa pleine signification. Avec lui, l'homme entre dans la dimension du « repos » de Dieu et il y participe profondément, devenant ainsi capable d'éprouver un frémissement de la joie que le Créateur lui-même éprouva après la création en voyant que tout ce qu'il avait fait « était très bon » (*Gn* 1, 31).

Du sabbat au dimanche

18. Étant donné que le troisième commandement dépend par essence de la mémoire des œuvres salvifiques de Dieu, les chrétiens, percevant l'originalité du temps nouveau et définitif inauguré par le Christ, ont pris comme jour de fête le premier jour après le sabbat, parce que ce jour-là a eu lieu la résurrection du Seigneur. Le mystère pascal du Christ constitue, en effet, la pleine révélation du mystère des origines, le sommet de l'histoire du salut et l'anticipation de l'accomplissement eschatologique du monde. Ce que Dieu a opéré dans la création et ce qu'il a fait pour son peuple dans l'Exode a trouvé son accomplissement dans la mort et la résurrection du Christ, même si son expression définitive n'aura lieu que dans la *parousie* par la venue du Christ en gloire. En lui se réalise pleinement le sens « spirituel » du sabbat, ainsi que le souligne saint Grégoire le Grand : « Nous considérons que la personne de notre Rédempteur, notre Seigneur Jésus Christ, est le vrai sabbat ».[14] C'est pour-

14. « *Verum autem sabbatum ipsum redemptorem nostrum Iesum Christum Dominum habemus* » : *Ep* 13, 1 : *CCL* 140 A, p. 992.

quoi la joie avec laquelle Dieu contemple, au premier sabbat de l'humanité, la création tirée du néant est désormais exprimée par la joie avec laquelle le Christ est apparu aux siens le dimanche de Pâques, apportant le don de la paix et de l'Esprit (cf. *Jn* 20, 19-23). En effet, dans le mystère pascal, la condition humaine, et avec elle la création tout entière, qui « jusqu'à ce jour gémit en travail d'enfantement » (*Rm* 8, 22), a connu son nouvel « exode » vers la liberté des fils de Dieu qui peuvent crier, avec le Christ, « Abba, Père » (*Rm* 8, 15 ; *Ga* 4, 6). À la lumière de ce mystère, le sens du précepte vétéro-testamentaire sur le jour du Seigneur est repris, intégré et pleinement dévoilé dans la gloire qui brille sur le visage du Christ ressuscité (cf. *2 Co* 4, 6). Du « sabbat », on passe au « premier jour après le sabbat », du septième jour, au premier jour : le *dies Domini* devient le *dies Christi* !

Chapitre II

DIES CHRISTI
Le jour du Seigneur ressuscité et du don de l'Esprit

La Pâque hebdomadaire

19. « Nous célébrons le dimanche à cause de la vénérable résurrection de notre Seigneur Jésus Christ, non seulement à Pâques, mais aussi à chaque cycle hebdomadaire » : c'est ainsi que s'exprimait, au début du Ve siècle, le Pape Innocent Ier[15] témoignant d'une pratique désormais bien établie, qui s'était développée dès les premières années qui ont suivi la résurrection du Seigneur. Saint Basile parle du « saint dimanche, honoré par la résurrection du Seigneur, prémices de tous les autres jours ».[16] Saint Augustin appelle le dimanche « le sacrement de la Pâque ».[17]

Ce lien intime du dimanche avec la résurrection du Seigneur est fortement souligné par toutes les Églises, en Occident comme en Orient. Dans la tradition des Églises orientales, en particulier, chaque dimanche est l'*anastasimos hêmera*, le jour de la résurrection,[18] et en raison de ce caractère il est le centre de tout le culte.

15. *Ep. ad Decentium* XXV, 4, 7 : *PL* 20, 555.
16. *Homiliæ in Hexameron* II, 8 : *SC* 26, p. 184.
17. Cf. *In Io. ev. tractatus* XX, 20, 2 : *CCL* 36, p. 203 ; *Epist.* 55, 2 : *CSEL* 34, pp. 170-171.
18. Cette référence à la résurrection est particulièrement claire en langue russe, où le dimanche se dit précisément « résurrection » (*Voskresén'e*).

À la lumière de cette tradition ininterrompue et universelle, on voit clairement que, même si le jour du Seigneur plonge ses racines, comme on l'a dit, dans l'œuvre même de la création, et plus directement dans le mystère biblique du « repos » de Dieu, c'est cependant à la résurrection du Christ qu'il faut se référer précisément pour en saisir pleinement la signification. C'est bien le cas du dimanche chrétien, qui propose chaque semaine à la méditation et à la vie des fidèles l'événement pascal, d'où jaillit le salut du monde.

20. Selon le témoignage concordant des Évangiles, la résurrection de Jésus Christ d'entre les morts eut lieu « le premier jour après le sabbat » (*Mc* 16, 2.9 ; *Lc* 24, 1 ; *Jn* 20, 1). En ce même jour, le Ressuscité se manifesta aux deux disciples d'Emmaüs (cf. *Lc* 24, 13-35) et il apparut aux onze Apôtres réunis (cf. *Lc* 24, 36 ; *Jn* 20, 19). Huit jours après – comme en témoigne l'Évangile de Jean (cf. 20, 26) – les disciples se trouvaient de nouveau réunis, quand Jésus leur apparut et se fit reconnaître par Thomas, en lui montrant les signes de sa passion. Le jour de la Pentecôte était un dimanche, premier jour de la huitième semaine après la pâque juive (cf. *Ac* 2, 1), quand par l'effusion de l'Esprit Saint se réalisa la promesse faite par Jésus aux Apôtres après la résurrection (cf. *Lc* 24, 49 ; *Ac* 1, 4-5). Ce fut le jour de la première annonce et des premiers baptêmes : Pierre proclama à la foule réunie que le Christ était ressuscité et « ceux qui accueillirent sa parole furent baptisés » (*Ac* 2, 41). Ce fut l'épiphanie de l'Église, manifestée comme peuple dans lequel se rejoignent dans l'unité, au-delà de toutes les diversités, les enfants de Dieu dispersés.

Le premier jour de la semaine

21. C'est sur cette base que, depuis les temps apostoliques, « le premier jour après le sabbat », premier

jour de la semaine, commença à caractériser le rythme même de la vie des disciples du Christ (cf. *1 Co* 16, 2). Le « premier jour après le sabbat » était aussi celui où les fidèles de Troas se trouvaient réunis « pour la fraction du pain », quand Paul leur adressa son discours d'adieu et accomplit un miracle pour ranimer le jeune Eutyque (cf. *Ac* 20, 7-12). Le livre de l'Apocalypse témoigne de l'usage qui s'est répandu de donner à ce premier jour de la semaine le nom de « jour du Seigneur » (1, 10). Désormais ce sera l'une des caractéristiques qui distingueront les chrétiens du monde environnant. C'est ce que notait, dès le début du deuxième siècle, le gouverneur de Bithynie, Pline le Jeune, constatant l'habitude des chrétiens « de se réunir à jour fixe avant le lever du soleil et de chanter entre eux une hymne au Christ comme à un dieu ».[19] En effet, quand les chrétiens disaient « jour du Seigneur », ils le faisaient en donnant à ce terme la plénitude de sens découlant du message pascal : « Jésus Christ est Seigneur » (*Ph* 2, 11 ; cf. *Ac* 2, 36; *1 Co* 12, 3). On reconnaissait ainsi au Christ le titre même par lequel les Septante traduisaient, dans la révélation de l'Ancien Testament, le nom propre de Dieu, JHWH, qu'il n'était pas licite de prononcer.

22. En ces premiers temps de l'Église, le rythme hebdomadaire des jours n'était généralement pas connu dans les régions où l'Évangile se répandait et les jours festifs des calendriers grec et romain ne coïncidaient pas avec le dimanche chrétien. Cela entraînait pour les chrétiens une difficulté importante à observer le jour du Seigneur avec son caractère hebdomadaire fixe. On explique ainsi la raison pour laquelle les fidèles furent

19. *Epist.* 10, 96, 7.

contraints de se réunir avant le lever du soleil.[20] Cependant la fidélité au rythme hebdomadaire s'imposait parce qu'elle était fondée sur le Nouveau Testament et liée à la révélation de l'Ancien Testament. Les Apologètes et les Pères de l'Église le soulignent volontiers dans leurs écrits et dans leur prédication. Le mystère pascal était illustré grâce à ces textes de l'Écriture que, selon le témoignage de saint Luc (cf. 24, 27. 44-47), le Christ ressuscité lui-même devait avoir expliqué à ses disciples. À la lumière de ces textes, la célébration du jour de la résurrection prenait une valeur doctrinale et symbolique capable d'exprimer toute la nouveauté du mystère chrétien.

Différenciation progressive par rapport au sabbat

23. C'est sur cette nouveauté qu'insiste la catéchèse des premiers siècles, en s'employant à spécifier le dimanche par rapport au sabbat juif. Le jour du sabbat, les juifs avaient le devoir de se réunir à la synagogue et ils devaient pratiquer le repos prescrit par la Loi. Les Apôtres, et en particulier saint Paul, continuèrent tout d'abord à fréquenter la synagogue pour pouvoir y annoncer Jésus Christ en commentant « les paroles des prophètes qu'on lit chaque sabbat » (*Ac* 13, 27). Dans certaines communautés on pouvait remarquer la coexistence de l'observance du sabbat et de la célébration dominicale. Bien vite, cependant, on commença à distinguer les deux jours de façon toujours plus nette, surtout pour réagir aux insistances des chrétiens qui, provenant du judaïsme, étaient enclins à conserver les obligations de l'ancienne Loi. Saint Ignace d'Antioche écrit : « Si ceux qui vivaient dans l'ancien état des choses sont venus à une nouvelle es-

20. Cf. ibid. En référence à la lettre de Pline, Tertullien aussi rappelle les *cœtus antelucani* en *Apologeticum* 2, 6 : *CCL* 1, p. 88; *De corona* 3, 3 : *CCL* 2, p. 1043.

pérance, n'observant plus le sabbat mais vivant selon le jour du Seigneur, jour où notre vie s'est levée par lui et par sa mort [...], mystère dont nous avons reçu la foi et dans lequel nous persévérons pour être trouvés authentiques disciples du Christ, notre seul Maître, comment pourrions-nous vivre sans lui, du moment que les prophètes aussi, étant ses disciples dans l'Esprit, l'attendaient comme maître ? ».[21] Et saint Augustin à son tour observe : « C'est pourquoi aussi le Seigneur a imprimé son sceau à son jour, qui est le troisième après la passion. Mais, dans le cycle hebdomadaire, il est le huitième après le septième c'est-à-dire après le sabbat, et le premier de la semaine ».[22] La distinction entre le dimanche et le sabbat juif s'affirme toujours plus dans la conscience ecclésiale, mais, en certaines périodes de l'histoire, à cause de l'insistance mise sur l'obligation du repos dominical, on enregistrera une certaine tendance à la « sabbatisation » du jour du Seigneur. Dans bien des régions de la chrétienté le sabbat et le dimanche ont été observés comme « deux jours frères ».[23]

Le jour de la nouvelle création

24. La comparaison entre le dimanche chrétien et la conception du sabbat, propre à l'Ancien Testament, a suscité aussi des approfondissements théologiques de

21. *Aux Magnésiens* 9, 1-2 : *SC* 10, pp. 88-89.
22. *Dis. VIII dans l'octave de Pâques*, 4 : *PL* 46, 841. Ce caractère de « premier jour » du dimanche est évident dans le calendrier liturgique latin, où le lundi est appelé *feria secunda*, le mardi *feria tertia*, etc. Une dénomination semblable des jours de la semaine se retrouve en langue portugaise.
23. Saint Grégoire de Nysse, *De castigatione* : *PG* 46, 309. De même, dans la liturgie maronite on souligne le lien entre le sabbat et le dimanche, à partir du « mystère du Samedi saint » : cf. M. Hayek, *Maronite (Église), Dictionnaire de spiritualité*, X (1980), 632-644.

grand intérêt. On a notamment mis en lumière la relation particulière qui existe entre la résurrection et la création. En effet, la réflexion chrétienne a spontanément relié la résurrection survenue « le premier jour après le sabbat » au premier jour de la semaine cosmique (cf. *Gn* 1, 1 à 2, 4) qui, dans le livre de la Genèse, rythme l'événement de la création : le jour de la création de la lumière (cf. 1, 3-5). Un tel lien invitait à comprendre la résurrection comme le commencement d'une nouvelle création, dont le Christ glorieux constitue les prémices, étant lui-même « Premier-né de toute créature » (*Col* 1, 15) et aussi « Premier-né d'entre les morts » (*Col* 1, 18).

25. Le dimanche est, en effet, le jour où, plus qu'en tout autre, le chrétien est appelé à se souvenir du salut qui lui a été offert dans le baptême et qui a fait de lui un homme nouveau dans le Christ. « Ensevelis avec lui lors du baptême, vous en êtes aussi ressuscités avec lui, parce que vous avez cru en la force de Dieu qui l'a ressuscité des morts » (*Col* 2, 12; cf. *Rm 6, 4-6*). La liturgie souligne cette dimension baptismale du dimanche en invitant à célébrer aussi les baptêmes, en plus de la Veillée pascale, en ce jour de la semaine « où l'Église commémore la résurrection du Seigneur »,[24] et aussi en suggérant, comme rite pénitentiel approprié au commencement de la Messe, l'aspersion avec l'eau bénite, qui rappelle précisément l'événement baptismal dans lequel naît toute existence chrétienne.[25]

24. *Rituel du baptême des petits enfants*, préliminaires, n. 9; cf. *Rituel de l'initiation chrétienne des adultes*, n. 59.
25. Cf. *Missel romain*, rite de l'aspersion dominicale de l'eau bénite.

Le huitième jour, figure de l'éternité

26. D'autre part, le fait que le sabbat soit le septième jour de la semaine fait envisager le jour du Seigneur à la lumière d'un symbolisme complémentaire, cher aux Pères : le dimanche est le premier jour et aussi « le huitième jour », c'est-à-dire placé, par rapport à la succession septénaire des jours, dans une position unique et transcendante, qui évoque non seulement le commencement du temps, mais encore son terme, dans le « siècle à venir ». Saint Basile explique que le dimanche représente le jour vraiment unique qui suivra le temps actuel, le jour infini qui ne connaîtra ni soir ni matin, le siècle impérissable qui ne pourra pas vieillir; le dimanche est l'annonce constante de la vie sans fin, qui ranime l'espérance des chrétiens et les encourage sur leur route.[26] Dans la perspective du dernier jour, qui réalisera pleinement le symbolisme anticipateur du sabbat, saint Augustin conclut les Confessions en parlant de l'*eschaton* comme « paix du repos, paix du sabbat, paix sans soir ».[27] La célébration du dimanche, en même temps « premier » et « huitième » jour, projette le chrétien vers le but qui est la vie éternelle.[28]

Le jour du Christ-lumière

27. Dans cette perspective christocentrique, on saisit une autre valeur symbolique que la réflexion croyante et la pratique pastorale ont attribuée au jour du Sei-

26. Cf. S. Basile, *Sur le Saint-Esprit*, 27, 66 : *SC* 17, pp. 484-485. Cf. aussi *Épître de Barnabé* 15, 8-9 : *SC* 172, pp. 186-189; S. Justin, *Dialogue avec Tryphon*, 24 et 138 : *PG* 6, 528 et 793; Origene, *Commentaires sur les Psaumes*, psaume 118 (119), 1 : *PG* 12, 1588.
27. « *Domine, præstitisti nobis pacem quietis, pacem sabbati, pacem sine vespera* » : *Confessions*, XIII, 50 : *CCL* 27, p. 272.
28. Cf. S. Augustin, *Epist.* 55, 17 : *CSEL* 34, p. 188 : « *Ita ergo erit octavus, qui primus, ut prima vita sed æterna reddatur* ».

gneur. En effet, une intuition pastorale judicieuse a suggéré à l'Église de christianiser, pour le dimanche, la connotation de « jour du soleil », expression par laquelle les romains dénommaient ce jour et qui se retrouve encore dans quelques langues contemporaines ;[29] elle détournait ainsi les fidèles des séductions de cultes qui divinisaient le soleil et elle orientait la célébration de ce jour vers le Christ, vrai « soleil » de l'humanité. Saint Justin, écrivant aux païens, utilise la terminologie courante pour noter que les chrétiens faisaient leur assemblée « le jour dit du soleil »,[30] mais la référence à cette expression prend désormais pour les croyants un sens nouveau, parfaitement évangélique.[31] Le Christ est en effet la lumière du monde (cf. *Jn* 9, 5 ; cf. aussi 1, 4-5.9), et le jour commémoratif de sa résurrection est le reflet éternel, dans le rythme hebdomadaire du temps, de cette épiphanie de sa gloire. Le thème du dimanche comme jour illuminé par le triomphe du Christ ressuscité se retrouve dans la Liturgie des Heures[32] et il a un relief particulier dans la veillée nocturne qui, dans les liturgies orientales, prépare et ouvre le dimanche. Se rassemblant en ce jour, l'Église fait sienne, de génération en génération, l'émerveillement

29. Ainsi en anglais *Sunday* et en allemand *Sonntag*.
30. *Apologie* I, 67 : *PG* 6, 430.
31. Cf. S. Maxime de Turin, Discours 44, 1 : *CCL* 23, p. 178 ; Idem, Discours 53, 2 : *CCL* 23, p. 219 : Eusebe de Césarée, *Comm. in Ps* 91 : *PG* 23, 1169-1173.
32. Cf., par exemple, l'hymne pour l'Office des lectures : « *Dies ætasque ceteris/octava splendet sanctior/in te quam, Iesu, consecras/primitiæ surgentium* » (première semaine) ; et aussi : « *Salve dies, dierum gloria,/dies felix Christi victoria,/dies digna iugi lætitia/dies prima./Lux divina cæcis irradiat,/in qua Christus infernum spoliat,/mortem vincit et reconciliat/summis ima* » (deuxième semaine). On retrouve des expressions analogues dans des hymnes intégrées à la Liturgie des Heures en différentes langues modernes.

de Zacharie lorsqu'il porte son regard vers le Christ qu'il annonce comme « soleil qui surgit pour illuminer ceux qui demeurent dans les ténèbres et l'ombre de la mort » (*Lc* 1, 78-79), et elle vibre en harmonie avec la joie éprouvée par Syméon quand il prend dans ses bras l'Enfant divin venu comme « lumière pour éclairer les nations » (*Lc* 2, 32).

Le jour du don de l'Esprit

28. Jour de lumière, le dimanche pourrait aussi se dire, en référence à l'Esprit Saint, jour du « feu ». La lumière du Christ, en effet, est intimement liée au « feu » de l'Esprit, et les deux images indiquent le sens du dimanche chrétien.[33] Apparaissant aux Apôtres le soir de Pâques, Jésus souffla sur eux et dit : « Recevez l'Esprit Saint. Ceux à qui vous remettrez les péchés, ils leur seront remis ; ceux à qui vous les retiendrez, ils leur seront retenus » (*Jn* 20, 22-23). L'effusion de l'Esprit fut le grand don du Ressuscité à ses disciples le dimanche de Pâques. C'est encore un dimanche que, cinquante jours après la résurrection, l'Esprit descendit avec puissance, comme « un vent violent » et comme « un feu » (*Ac* 2, 2-3), sur les Apôtres réunis avec Marie. La Pentecôte n'est pas seulement un événement originel, mais un mystère qui anime en permanence l'Église.[34] Si cet événement a son temps fort liturgique dans la célébration annuelle par laquelle se clôt le « grand dimanche »,[35] il demeure aussi inscrit, justement pour son lien intime avec le mystère pascal, dans la signification profonde de chaque dimanche. La

33. Cf. CLÉMENT D'ALEXANDRIE, *Stromates*, VI, 138, 1-2 : *PG* 9, 364.

34. Cf. JEAN PAUL II, Encyclique *Dominum et vivificantem* (18 mai 1986), nn. 22-26 : *AAS* 78 (1986), pp. 829-837.

35. Cf. S. ATHANASE D'ALEXANDRIE, *Lettres dominicales* 1, 10 : *PG* 26, 1366.

« Pâque de la semaine » se fait ainsi, en quelque sorte, « Pentecôte de la semaine », dans laquelle les chrétiens revivent l'expérience joyeuse de la rencontre des Apôtres avec le Ressuscité, en se laissant vivifier par le souffle de son Esprit.

Le jour de la foi

29. Par toutes ces dimensions qui le caractérisent, le dimanche apparaît par excellence comme *le jour de la foi*. En lui l'Esprit Saint, « mémoire » vive de l'Église (cf. *Jn* 14, 26), fait de la première manifestation du Ressuscité un événement qui se renouvelle dans « l'aujourd'hui » de chacun des disciples du Christ. Situés devant lui, dans l'assemblée dominicale, les croyants se sentent interpellés comme l'Apôtre Thomas : « Porte ton doigt ici : voici mes mains; avance ta main et mets-la dans mon côté, et ne deviens pas incrédule, mais croyant ! » (*Jn* 20, 27). Oui, le dimanche est le jour de la foi. Le fait que la liturgie eucharistique dominicale, comme par ailleurs celle des solennités liturgiques, prévoit la profession de foi, le souligne. Le « Credo », récité ou chanté, souligne le caractère baptismal et pascal du dimanche, en en faisant le jour où, à titre spécial, le baptisé renouvelle son adhésion au Christ et à son Évangile dans une conscience ravivée des promesses baptismales. Accueillant la Parole et recevant le Corps du Seigneur, il contemple Jésus ressuscité présent dans les « signes sacrés » et il confesse avec l'apôtre Thomas : « Mon Seigneur et mon Dieu ! » (*Jn* 20, 28).

Un jour auquel on ne peut renoncer !

30. On comprend alors pourquoi, même dans le contexte des difficultés de notre temps, l'identité de ce jour doit être sauvegardée et surtout profondément

vécue. Un auteur oriental du début du troisième siècle rapporte que dans chaque région les fidèles sanctifiaient déjà régulièrement le dimanche.[36] La pratique spontanée est devenue ensuite norme juridiquement sanctionnée : le jour du Seigneur a rythmé l'histoire bimillénaire de l'Église. Comment pourrait-on penser qu'il ne continue pas à marquer son avenir ? Les problèmes qui, de notre temps, peuvent rendre plus difficile la pratique du devoir dominical trouvent effectivement l'Église sensible et maternellement attentive aux conditions de chacun de ses enfants. Elle se sent appelée en particulier à un nouvel engagement catéchétique et pastoral, pour qu'aucun d'eux, dans les conditions de vie normales, ne demeure privé de l'abondance de grâce que la célébration du jour du Seigneur porte en elle. Dans le même esprit, prenant position sur des hypothèses de réforme du calendrier ecclésial par rapport à des variations des systèmes de calendrier civil, le Concile œcuménique Vatican II a déclaré que les seules auxquelles l'Église ne s'oppose pas sont celles « qui respectent et sauvegardent la semaine de sept jours avec le dimanche ».[37] Au seuil du troisième millénaire, la célébration du dimanche chrétien, pour les significations qu'il évoque et les dimensions qu'il implique par rapport aux fondements mêmes de la foi, demeure un élément déterminant de l'identité chrétienne.

36. Cf. Bardesane, *Dialogue sur le destin*, 46 : PS 2, pp. 606-607.
37. Constitution sur la sainte Liturgie *Sacrosanctum concilium*, appendice : Déclaration sur la révision du calendrier.

Chapitre III

DIES ECCLESIÆ
L'assemblée eucharistique, cœur du dimanche

La présence du Ressuscité

31. « Je suis avec vous pour toujours jusqu'à la fin du monde » (*Mt* 28, 20). Cette promesse du Christ continue à être entendue dans l'Église qui y trouve le secret fécond de sa vie et la source de son espérance. Si le dimanche est le jour de la résurrection, il n'est pas seulement le souvenir d'un événement passé : il est la célébration de la présence vivante du Ressuscité au milieu des siens.

Pour que cette présence soit annoncée et vécue comme il convient, il ne suffit pas que les disciples du Christ prient individuellement et fassent mémoire intérieurement, dans le secret de leur cœur, de la mort et de la résurrection du Christ. En effet, ceux qui ont reçu la grâce du baptême n'ont pas été sauvés seulement à titre individuel, mais comme membres du Corps mystique qui font partie du peuple de Dieu.[38] Il est donc important qu'ils se réunissent pour exprimer pleinement l'identité même de l'Église, l'*ekklesía*, l'assemblée convoquée par le Seigneur ressuscité, Lui qui a offert sa vie « afin de rassembler dans l'unité les enfants de Dieu dispersés » (*Jn* 11, 52). Ils sont devenus « un » dans le Christ (cf. *Gal* 3, 28) par le don

38. Cf. Conc. Œcum. Vat. II, Const. dogm. sur l'Eglise *Lumen gentium*, n. 9.

de l'Esprit. Cette unité se manifeste extérieurement lorsque les chrétiens se réunissent : ils prennent alors vivement conscience d'être le peuple des rachetés, composé d'« hommes de toute race, langue, peuple et nation » (*Ap* 5, 9) et ils en témoignent devant le monde. Dans l'assemblée des disciples du Christ, se prolonge dans le temps l'image de la première communauté chrétienne que Luc a voulu décrire de manière exemplaire dans les Actes des Apôtres, lorsqu'il écrit que les premiers baptisés « se montraient assidus à l'enseignement des Apôtres, fidèles à la communion fraternelle, à la fraction du pain et aux prières » (2, 42).

L'assemblée eucharistique

32. Cette réalité de la vie ecclésiale trouve dans l'*Eucharistie* non seulement une expression particulièrement intense, mais, en un sens, le lieu même de sa « source ».[39] L'Eucharistie nourrit et forme l'Église : « Parce qu'il n'y a qu'un seul pain, à plusieurs nous ne sommes qu'un corps, car tous nous participons à ce pain unique » (*1 Co* 10, 17). De par son rapport vital avec le sacrement du Corps et du Sang du Seigneur, le mystère de l'Église est annoncé, goûté et vécu avant tout dans l'Eucharistie.[40]

La dimension intrinsèquement ecclésiale de l'Eucharistie se réalise toutes les fois qu'elle est célébrée. Mais, à plus forte raison, elle s'exprime le jour où toute la communauté est convoquée pour faire mémoire de la résurrection du Seigneur. De manière significative, le Catéchisme de l'Église catholique enseigne que

39. Cf. JEAN PAUL II, Lettre *Dominicæ Cenæ* (24 février 1980), n. 4 : *AAS* 72 (1980), p. 120 ; Encycl. *Dominum et vivificantem* (18 mai 1986), nn. 62-64 : *AAS* 78 (1986), pp. 889-894.
40. Cf. JEAN PAUL II, Lettre apost. *Vicesimus quintus annus* (4 décembre 1988), n. 9 : *AAS* 81 (1989), pp. 905-906.

« la célébration dominicale du jour et de l'Eucharistie du Seigneur est au cœur de la vie de l'Église ».[41]

33. C'est justement lors de la Messe dominicale que les chrétiens revivent avec une intensité particulière l'expérience faite par les Apôtres réunis le soir de Pâques, lorsque le Ressuscité se manifesta devant eux (cf. *Jn* 20, 19). Dans ce petit noyau de disciples, prémices de l'Église, se trouvait présent d'une certaine façon le Peuple de Dieu de tous les temps. Dans leur témoignage résonne pour toutes les générations de croyants le salut du Christ, riche du don messianique de la paix acquise par son sang et donnée en même temps que son Esprit : « Paix à vous ! ». Au retour du Christ parmi eux « huit jours après » (*Jn* 20, 26), on peut voir préfiguré l'usage de la communauté chrétienne de se rassembler chaque huitième jour, le « jour du Seigneur » ou dimanche, pour professer la foi en sa résurrection et pour recevoir les fruits de la promesse exprimée dans la béatitude : « Heureux ceux qui n'ont pas vu et qui ont cru » (*Jn* 20, 29). Ce lien étroit entre la manifestation du Ressuscité et l'Eucharistie est suggéré par l'Évangile de Luc dans le récit concernant les deux disciples d'Emmaüs, auxquels le Christ se joignit lui-même, en les guidant dans l'intelligence de la Parole et enfin en restant à table avec eux. Ils le reconnurent quand il « prit le pain, dit la bénédiction, puis le rompit et le leur donna » (24, 30). Les gestes accomplis par Jésus dans ce récit sont les mêmes qu'à la dernière Cène, avec une allusion claire à la « fraction du pain », expression qu'emploie la première génération chrétienne pour désigner l'Eucharistie.

41. N. 2177.

34. Assurément, l'Eucharistie dominicale n'a pas en soi un statut différent de celle qui est célébrée n'importe quel autre jour, et elle n'est pas séparable de l'ensemble de la vie liturgique et sacramentelle. Par sa nature, elle est une épiphanie de l'Église,[42] dont le moment le plus significatif est celui où la communauté diocésaine se rassemble pour prier avec son Pasteur : « La principale manifestation de l'Église réside dans la participation plénière et active de tout le saint peuple de Dieu aux mêmes célébrations liturgiques, surtout à la même Eucharistie, dans une seule prière, auprès de l'autel unique où préside l'Évêque entouré de son presbytérium et de ses ministres ».[43] La relation avec l'Évêque et avec la communauté ecclésiale tout entière est inscrite dans chaque célébration eucharistique, même non présidée par l'évêque, quel que soit le jour de la semaine où elle est célébrée. La mention de l'évêque dans la prière eucharistique en est l'expression.

Toutefois, l'Eucharistie dominicale, avec l'obligation de la présence communautaire et la solennité particulière qui la distingue, précisément parce qu'elle est célébrée « le jour où le Christ est ressuscité d'entre les morts et nous a fait participer à sa vie immortelle »,[44] souligne avec plus de force sa dimension ecclésiale, se situant comme le modèle des autres célébra-

42. Cf. JEAN PAUL II, Lettre apost. *Vicesimus quintus annus* (4 décembre 1988), n. 9 : *AAS* 81 (1989), pp. 905-906.

43. CONC. ŒCUM. VAT. II, Const. sur la sainte Liturgie *Sacrosanctum concilium*, n. 41 ; cf. Décret sur la charge pastorale des Evêques dans l'Eglise *Christus Dominus*, n. 15.

44. C'est l'embolisme, formulé dans ces termes ou dans des termes analogues dans certaines prières eucharistiques en différentes langues. Il souligne de manière significative le caractère « pascal » du dimanche.

tions eucharistiques. Chaque communauté, réunissant tous ses membres pour la « fraction du pain », prend conscience d'être un lieu où le mystère de l'Église se réalise concrètement. Dans la célébration même, la communauté s'ouvre à la communion avec l'Église universelle,[45] en implorant le Père afin qu'« il se souvienne de son Église répandue à travers le monde » et la fasse grandir dans l'unité de tous les fidèles avec le Pape et avec les Pasteurs des différentes Églises, afin qu'elle parvienne à la perfection de l'amour.

Le jour de l'Église

35. Ainsi le *dies Domini* se révèle être aussi *dies Ecclesiae*. On comprend alors pourquoi la dimension communautaire de la célébration dominicale doit être particulièrement mise en valeur sur le plan pastoral. Comme j'ai eu l'occasion de le rappeler dans d'autres circonstances, parmi les nombreuses activités d'une paroisse, « pour la communauté, aucune n'est aussi vitale et n'apporte autant pour la formation que, le dimanche, la célébration du jour du Seigneur et de l'Eucharistie ».[46] Dans ce sens, le Concile Vatican II a rappelé la nécessité de « travailler pour que s'affirme avec vigueur le sens de la communauté paroissiale, surtout dans la célébration commune de la Messe dominicale ».[47] Dans le même sens se situent les orientations liturgiques ultérieures qui demandent que, le di-

45. Cf. CONGR. POUR LA DOCTRINE DE LA FOI, Lettre aux Evêques de l'Eglise catholique sur certains aspects de l'Eglise comprise comme communion *Communionis notio* (28 mai 1992), nn. 11-14 : *AAS* 85 (1993), pp. 844-847.
46. Discours au troisième groupe d'Évêques des Etats-Unis d'Amérique (17 mars 1998), n. 4 : *L'Osservatore Romano,* 18 mars 1998, p. 4.
47. Const. sur la sainte Liturgie *Sacrosanctum concilium*, n. 42.

manche et les jours de fête, les célébrations eucharistiques faites normalement dans d'autres églises ou chapelles soient coordonnées avec la célébration de l'église paroissiale, cela précisément pour « que le sens de la communauté ecclésiale, spécialement nourri et exprimé par la célébration commune de la messe dominicale, soit entretenu et autour de l'évêque, surtout dans l'église cathédrale, et dans l'assemblée paroissiale dont le pasteur tient la place de l'évêque ».[48]

36. L'assemblée dominicale est un lieu privilégié d'unité : on y célèbre en effet le *sacramentum unitatis* qui caractérise profondément l'Église, peuple rassemblé « par » et « dans » l'unité du Père, du Fils et de l'Esprit Saint.[49] En elle, les familles chrétiennes vivent une des expressions les meilleures de leur identité et de leur « ministère » d'« églises domestiques », lorsque les parents participent avec leurs enfants à l'unique table de la Parole et du Pain de vie.[50] Il convient de rappeler à ce sujet qu'il revient d'abord aux parents d'apprendre à leurs enfants à participer à la Messe dominicale, aidés en cela par les catéchistes qui doivent se préoccuper d'intégrer l'initiation à la Messe dans le parcours de la formation des enfants qui leur sont confiés, leur montrant le motif profond du caractère obligatoire du précepte. Lorsque les circonstances y invitent, la célébration de Messes pour

48. S. Congr. des rites, Instruction sur le culte du mystère eucharistique *Eucharisticum mysterium* (25 mai 1967), n. 26 : *AAS* 59 (1967), p. 555.
49. Cf. S. Cyprien, *De Orat. Dom.*, 23 : *PL* 4, 553 ; Idem, *De cath. Eccl. unitate*, 7 : *CSEL* 3^1, p. 215 ; Conc. œcum. Vat. II, Const. dogm. sur l'Eglise *Lumen gentium*, n. 4 ; Const. sur la sainte Liturgie *Sacrosanctum concilium*, n. 26.
50. Cf. Jean Paul II, Exhort. apost. *Familiaris consortio* (22 novembre 1981), nn. 57 ; 61 : *AAS* 74 (1982), pp. 151 ; 154.

les enfants contribuera à cette formation, suivant les diverses modalités prévues par les normes liturgiques.[51]

Aux Messes dominicales de la paroisse, en tant que « communauté eucharistique »,[52] il est normal que se retrouvent les groupes, les mouvements, les associations, et encore les petites communautés religieuses qui y résident. Cela leur permet de faire l'expérience de ce qu'ils ont de plus profondément commun, au-delà des particularités des voies spirituelles qui les caractérisent légitimement, dans l'obéissance au discernement de l'autorité ecclésiale.[53] C'est pourquoi le dimanche, jour de l'assemblée, les Messes des petits groupes ne sont pas à encourager : il ne s'agit pas seulement d'éviter que les assemblées paroissiales soient privées du ministère des prêtres, mais aussi de faire en sorte que la vie et l'unité de la communauté ecclésiale soient pleinement sauvegardées et soutenues.[54] Il appartient au discernement éclairé des Pasteurs des Églises particulières d'autoriser éventuellement des dérogations bien précisées à cette directive, en considération des exigences spécifiques de formation et de pastorale, compte tenu du bien des personnes ou des groupes, et en particulier des fruits qui peuvent en résulter pour toute la communauté chrétienne.

51. Cf. S. Congr. pour le Culte divin, Directoire des Messes d'enfants (1er novembre 1973) : *AAS* 66 (1974), pp. 30-46.
52. Cf. S. Congr. des Rites, Instruction sur le culte du mystère eucharistique *Eucharisticum mysterium* (25 mai 1967), n. 26 : *AAS* 59 (1967), pp. 555-556 ; S. Congr. pour les Evêques, Directoire pour le ministère pastoral des Evêques *Ecclesiæ imago* (22 février 1973), n. 86c : *Enrichidion Vaticanum* 4, n. 2071.
53. Cf. Jean Paul II, Exhort. apost. post-synodale *Christifideles laici* (30 décembre 1988), n. 30 : *AAS* 81 (1989), pp. 446-447.
54. Cf. S. Congr. pour le Culte divin, Instruction sur les Messes pour des groupes particuliers (15 mai 1969), n. 10 : *AAS* 61 (1969), p. 810.

Le peuple en pèlerinage

37. Dans la perspective de la route de l'Église au cours du temps, le rappel de la résurrection du Christ et le rythme hebdomadaire de cette mémoire solennelle aident à montrer *que le peuple de Dieu est en pèlerinage et qu'il a une dimension eschatologique*. En effet, de dimanche en dimanche, l'Église avance vers le dernier « jour du Seigneur », le dimanche éternel. En réalité, l'attente de la venue du Christ fait partie intégrante du mystère même de l'Église[55] et s'exprime dans chaque célébration eucharistique. Mais le jour du Seigneur, avec la mémoire spécifique que l'on y fait de la gloire du Christ ressuscité, rappelle aussi avec plus de force la gloire de son futur « retour ». Cela fait du dimanche le jour où l'Église, manifestant plus clairement son caractère « sponsal », anticipe d'une certaine façon la réalité eschatologique de la Jérusalem céleste. En réunissant ses fils dans l'assemblée eucharistique et en leur apprenant à attendre « l'Époux divin », l'Église fait une sorte d'« exercice du désir »,[56] dans lequel elle connaît à l'avance la joie des cieux nouveaux et de la terre nouvelle, lorsque la cité sainte, la Jérusalem nouvelle, descendra du ciel, de chez Dieu, « belle comme une jeune mariée parée pour son époux » (*Ap* 21, 2).

Le jour de l'espérance

38. De ce point de vue, si le dimanche est le jour de la foi, il n'en est pas moins *le jour de l'espérance chrétienne*. La participation à la « Cène du Seigneur » est en effet une anticipation du banquet eschatolo-

55. Cf. CONC. ŒCUM. VAT. II, Const. domg. sur l'Eglise *Lumen gentium*, nn. 48-51.

56. « *Hæc est vita nostra, ut desiderando exerceamur* » : S. AUGUSTIN, *In prima Ioan. tract.* 4, 6 : *SC* 75, p. 232.

gique pour les « noces de l'Agneau » (*Ap* 19, 9). En célébrant le mémorial du Christ, ressuscité et monté au ciel, la communauté chrétienne se situe « en cette vie où nous espérons le bonheur que tu promets et l'avènement de Jésus Christ, notre Sauveur ».[57] Vécue et nourrie à cet intense rythme hebdomadaire, l'espérance chrétienne se fait levain et lumière de toute l'espérance humaine. C'est pour cela que, dans la prière « universelle », on ne rassemble pas seulement les préoccupations de la communauté chrétienne, mais aussi celles de toute l'humanité; l'Église, réunie pour la célébration eucharistique, donne au monde le témoignage qu'elle fait siennes « les joies et les espoirs, les tristesses et les angoisses des hommes de notre temps, des pauvres surtout et de tous ceux qui souffrent ».[58] En couronnant par l'offrande eucharistique dominicale le témoignage que ses fils, absorbés dans le travail et dans les diverses occupations de la vie, s'efforcent d'offrir tous les jours de la semaine par l'annonce de l'Évangile et la pratique de la charité, l'Église manifeste de la manière la plus évidente qu'elle est « en quelque sorte le sacrement, c'est-à-dire le signe et l'instrument de l'union intime avec Dieu et de l'unité de tout le genre humain ».[59]

La table de la Parole

39. Dans l'assemblée dominicale, comme du reste dans toute célébration eucharistique, la rencontre avec le Ressuscité a lieu par la participation aux deux tables de la Parole et du Pain de vie. La première continue à

57. Missel romain, embolisme après le Notre Père.
58. CONC. ŒCUM. VAT. II, Const. past.sur l'Eglise dans le monde de ce temps *Gaudium et spes*, n. 1.
59. CONC. ŒCUM. VAT. II, Const. dogm. sur l'Eglise *Lumen gentium*, n. 1 ; cf. JEAN PAUL II, Encycl. *Dominum et vivificantem* (18 mai 1986), nn. 61-64 : *AAS* 78 (1986), pp. 888-894.

donner l'intelligence de l'histoire du salut et, en particulier, du mystère pascal à laquelle Jésus ressuscité a lui-même introduit les disciples : c'est lui qui parle, car il est présent dans sa Parole « pendant que sont lues dans l'Église les saintes Écritures ».[60] En la deuxième table, la présence réelle, substantielle et durable du Seigneur ressuscité est accomplie par le mémorial de sa passion et de sa résurrection, et le pain de vie qui est le gage de la gloire à venir est offert. Le Concile Vatican II a rappelé que « la liturgie de la Parole et la liturgie eucharistique sont si étroitement unies entre elles qu'elles forment un seul acte de culte ».[61] Le même Concile a également décidé que « pour apprêter plus richement pour les fidèles la table de la Parole de Dieu, on ouvrira plus largement les trésors de la Bible ».[62] Il a ensuite demandé que, aux Messes du dimanche, de même qu'à celles des fêtes de précepte, l'homélie ne soit pas omise, si ce n'est pour des motifs graves.[63] Ces heureuses dispositions ont trouvé leur fidèle application dans la réforme liturgique, au sujet de laquelle Paul VI, commentant l'offre plus abondante de lectures bibliques les dimanches et jours de fête, écrivait : « Tout cela a été ordonné de telle manière que s'intensifie chez les fidèles 'la faim de la Parole de Dieu' (*Am* 8, 11) par laquelle, sous la conduite de l'Esprit Saint, le peuple de la Nouvelle Alliance semble être poussé vers l'unité parfaite de l'Église ».[64]

60. CONC. ŒCUM. VAT. II, Const. sur la sainte Liturgie *Sacrosanctum concilium*, n. 7 ; cf. n. 33.
61. *Ibid.*, n. 56 ; cf. *Ordo lectionum Missæ, Prænotanda*, n. 10.
62. Const. sur la sainte Liturgie *Sacrosanctum concilium*, n. 51.
63. Cf. *ibid.*, n. 52 ; *Code de Droit canonique*, can. 767, § 2 ; *Code des Canons des Eglises orientales*, can. 614.
64. Const. apost. *Missale Romanum* (3 avril 1969) : *AAS* 61 (1969), p. 220.

40. Plus de trente ans après le Concile, alors que nous réfléchissons sur l'Eucharistie dominicale, il est nécessaire de vérifier la manière dont la Parole de Dieu est proclamée, ainsi que le progrès effectif, dans le peuple de Dieu, de la connaissance et de l'amour de la Sainte Écriture.[65] L'un et l'autre aspects, celui de la *célébration* et celui de l'*expérience vécue*, sont en rapport étroit. D'une part, la possibilité offerte par le Concile de proclamer la Parole de Dieu dans la langue de la communauté présente doit nous amener à nous reconnaître une « nouvelle responsabilité » envers elle, pour faire resplendir « même dans la manière de lire ou de chanter, le caractère particulier du texte sacré ».[66] D'autre part, il convient que, dans l'esprit des fidèles, l'écoute de la Parole de Dieu proclamée soit bien préparée par une connaissance appropriée de l'Écriture et, quand c'est pastoralement possible, par *des initiatives spécifiques d'approfondissement des textes bibliques*, spécialement de ceux des Messes festives. En effet, si la lecture du texte sacré, faite en esprit de prière et avec fidélité à leur interprétation ecclésiale,[67] n'animait pas habituellement la vie des personnes et des familles chrétiennes, il serait difficile que la seule proclamation liturgique de la Parole de Dieu puisse porter les fruits espérés. Il convient donc de louer grandement les initiatives par lesquelles les communautés paroissiales, en impliquant tous ceux qui participent à l'Eucharistie – prêtre, ministres et fidèles –[68] préparent déjà la liturgie dominicale pendant la semaine, en réfléchissant à l'avance sur la Parole de

65. Dans la constitution conciliaire *Sacrosanctum concilium*, n. 24, on parle de « *suavis et vivus Sacræ Scripturæ affectus* ».
66. Jean Paul II, Lettre *Dominicæ Cenæ* (24 février 1980), n. 10 : *AAS* 72 (1980), p. 135.
67. Cf. Conc. Œcum. Vat. II, Const. dogm. sur la Révélation divine *Dei Verbum*, n. 25.
68. Cf. *Ordo lectionum Missæ, Prænotanda*, chap. III.

Dieu qui sera proclamée. L'objectif à poursuivre est que toute la célébration, prière, écoute, chant, et pas seulement l'homélie, exprime en quelque manière le message de la liturgie dominicale, afin qu'il puisse marquer plus efficacement ceux qui y prennent part. Évidemment, beaucoup de choses sont confiées à la responsabilité de ceux qui exercent le ministère de la Parole. Ils ont le devoir de préparer avec un soin particulier, par l'étude du texte sacré et dans la prière, le commentaire de la parole du Seigneur, en exprimant fidèlement le contenu et en l'actualisant en fonction des questions et de la vie des hommes de notre temps.

41. Il ne faut pas oublier d'ailleurs que *la proclamation liturgique de la Parole de Dieu*, surtout dans le cadre de l'assemblée eucharistique, est moins un moment de méditation et de catéchèse que *le dialogue de Dieu avec son peuple*, dialogue où sont proclamées les merveilles du salut et continuellement proposées les exigences de l'Alliance. Pour sa part, le peuple de Dieu se sent appelé à répondre à ce dialogue d'amour par l'action de grâce et la louange, et, en même temps, en éprouvant sa fidélité à l'effort d'une constante « conversion ». L'assemblée dominicale s'engage ainsi au renouveau intérieur des promesses baptismales qui sont en quelque sorte implicites dans la récitation du Credo, et que la liturgie prévoit expressément lors de la célébration de la veillée pascale ou lorsqu'on administre le baptême au cours de la Messe. Dans ce cadre, la proclamation de la Parole dans la célébration eucharistique du dimanche prend le ton solennel que l'Ancien Testament prévoyait déjà pour les temps de renouvellement de l'Alliance, lorsqu'on proclamait la Loi et que la communauté d'Israël était appelée, comme le peuple du désert au pied du Sinaï (cf. *Ex* 19, 7-8; 24, 3.7), à redire son « oui », en renouvelant son choix d'être fidèle à Dieu et d'adhé-

rer à ses préceptes. En effet, en communiquant sa Parole, Dieu attend notre réponse, la réponse que le Christ a déjà donnée pour nous par son « Amen » (cf. *2 Co* 1, 20-22) et que l'Esprit Saint fait retentir en nous de telle sorte que ce que l'on entend engage profondément notre vie.[69]

La table du Corps du Christ

42. La table de la Parole aboutit naturellement à la table du Pain eucharistique et prépare la communauté à en vivre les multiples dimensions, qui prennent un caractère particulièrement solennel dans l'Eucharistie dominicale. Par le style festif du rassemblement de toute la communauté, le « jour du Seigneur », l'Eucharistie se présente de façon plus visible que les autres jours comme la grande « action de grâce », par laquelle l'Église, habitée par l'Esprit, se tourne vers le Père, en s'unissant au Christ et en se faisant la voix de toute l'humanité. Le rythme hebdomadaire invite à revenir aux événements des jours précédents dans une mémoire reconnaissante, afin de les relire à la lumière de Dieu et de rendre grâce à Dieu pour ses innombrables dons, en le glorifiant « par le Christ, avec lui et en lui, dans l'unité du Saint-Esprit ». La communauté chrétienne renouvelle ainsi sa conscience du fait que toutes choses ont été créées par le Christ (cf. *Col* 1, 16; *Jn* 1, 3) et qu'en lui, venu dans la condition de serviteur partager et racheter notre condition humaine, elles ont été récapitulées (cf. *Ep* 1, 10), pour être offertes à Dieu le Père, de qui toute chose tient son origine et sa vie. Enfin, adhérant par son « Amen » à la doxologie eucharistique, le Peuple de Dieu se projette dans la foi et dans l'espérance vers le terme eschatologique, lorsque le Christ

69. Cf. *Ordo lectionum Missæ, Prænotanda*, chap. I, n. 6.

« remettra la royauté à Dieu le Père, [...] afin que Dieu soit tout en tous » (*1 Co* 15, 24.28).

43. Ce mouvement « ascendant » se trouve dans toute célébration eucharistique et en fait un événement joyeux, plein de reconnaissance et d'espérance, mais, dans la Messe dominicale, il est particulièrement mis en relief du fait de son lien spécial avec la mémoire de la résurrection. D'autre part, la joie « eucharistique » qui nous entraîne à « élever nos cœurs » est le fruit du « mouvement descendant » que Dieu a accompli vers nous et qui reste perpétuellement présent dans la nature sacrificielle de l'Eucharistie, suprême expression et célébration du mystère de la *kénosis*, c'est-à-dire de l'abaissement par lequel le Christ « s'humilia plus encore, obéissant jusqu'à la mort, et à la mort sur une croix » (*Ph* 2, 8).

La Messe est en effet *la représentation vivante du sacrifice de la Croix*. Sous les espèces du pain et du vin, sur lesquelles a été invoquée l'effusion de l'Esprit, agissant avec une efficacité tout à fait unique dans les paroles de la consécration, le Christ s'offre au Père par le même geste d'immolation par lequel il s'offrit sur la croix. « Dans ce divin sacrifice qui s'accomplit à la Messe, ce même Christ est contenu et immolé de manière non sanglante, lui qui s'est offert une fois pour toutes de manière sanglante sur l'autel de la croix ».[70] À son sacrifice le Christ unit celui de l'Église : « Dans l'Eucharistie, le sacrifice du Christ devient aussi le sacrifice des membres de son corps. La vie des fidèles, leur louange, leur souffrance, leur prière, leur travail, sont unis à ceux du Christ et à sa

70. Conc. œcum. de Trente, Session XXII, Doctrine et canons sur le très saint sacrifice de la Messe, II : *DS*, 1743 ; cf. *Catéchisme de l'Eglise catholique*, n. 1366.

totale offrande, et acquièrent ainsi une valeur nouvelle ».[71] Cette participation de la communauté tout entière devient particulièrement évidente dans le rassemblement dominical, qui permet de porter à l'autel la semaine écoulée avec toute la charge humaine qui l'a marquée.

Repas pascal et rencontre fraternelle

44. Cette qualité communautaire s'exprime aussi spécialement dans le caractère de repas pascal propre à l'Eucharistie, où le Christ lui-même se fait nourriture. En effet, « à cette fin, le Christ a confié ce sacrifice à l'Église pour que les fidèles y participent, et spirituellement par la foi et la charité, et sacramentellement par le banquet de la sainte communion. La participation à la Cène du Seigneur est toujours de fait la communion au Christ s'offrant au Père pour nous en sacrifice ».[72] C'est pourquoi l'Église *recommande aux fidèles de communier lorsqu'ils participent à l'Eucharistie*, pourvu qu'ils soient dans les dispositions voulues et, s'ils ont conscience de péchés graves, qu'ils aient reçu le pardon de Dieu dans le sacrement de la Réconciliation,[73] dans l'esprit de ce que saint Paul rappelait à la communauté de Corinthe (cf. *1 Co* 11, 27-32). Évidemment, l'invitation à la

71. *Catéchisme de l'Eglise catholique,* n. 1368.
72. S. Congr. des Rites, Instruction sur le culte du mystère eucharistique *Eucharisticum mysterium* (25 mai 1967), n. 3b : *AAS* 59 (1967), p. 541 ; cf. Pie XII, Encycl. *Mediator Dei* (20 novembre 1947), II : *AAS* 39 (1947), pp. 564-566.
73 Cf. *Catéchisme de l'Eglise catholique*, n. 1385 ; cf. aussi Congr. pour la Doctrine de la Foi, Lettre aux Evêques de l'Eglise catholique sur l'accès à la communion eucharistique de la part des fidèles divorcés remariés (14 septembre 1994) : *AAS* 86 (1994), pp. 974-979.

communion eucharistique se fait particulièrement pressante à l'occasion de la Messe du dimanche et des autres jours de fête.

Il importe en outre de prendre pleinement conscience de ce que la communion avec le Christ est profondément liée à la communion fraternelle. Le rassemblement eucharistique dominical est *un événement fraternel*, que la célébration doit bien mettre en évidence, tout en respectant le style propre de l'action liturgique. Le service d'accueil et le ton de la prière, attentive aux besoins de toute la communauté, contribuent à cela. L'échange du signe de la paix, placé par le Rite romain de manière significative avant la communion eucharistique, est un geste particulièrement fort, que les fidèles sont invités à faire comme expression du consensus donné par le peuple de Dieu à tout ce qui est accompli dans la célébration,[74] et de l'engagement à l'amour mutuel que l'on prend en participant au pain unique, dans le souvenir de la parole exigeante du Christ : « Quand donc tu présentes ton offrande à l'autel, si là tu te souviens que ton frère a quelque chose contre toi, laisse là ton offrande, devant l'autel, et va d'abord te réconcilier avec ton frère ; puis reviens, et alors présente ton offrande » (*Mt* 5, 23-24).

De la Messe à la « mission »

45. En recevant le Pain de vie, les disciples du Christ se disposent à aborder, avec la force du Ressuscité et de son Esprit, *les tâches qui les attendent dans leur vie ordinaire*. En effet, pour le fidèle qui a compris la signification de ce qu'il a accompli, la célébration eucharistique ne peut pas épuiser tout son sens à l'intérieur du sanctuaire. Comme les premiers témoins de

74. Cf. Innocent I, *Epist.* 25, 1 à Decentius de Gubbio : *PL* 20, 553.

la résurrection, les chrétiens convoqués tous les dimanches pour vivre et proclamer la présence du Ressuscité sont appelés à se faire dans leur vie quotidienne *évangélisateurs et témoins*. Dans cet esprit, la prière après la communion, le rite de conclusion – la bénédiction et le renvoi des fidèles – doivent être redécouverts et mieux mis en valeur, afin que ceux qui ont participé à l'Eucharistie ressentent plus profondément la responsabilité qui leur est confiée. Après la dispersion de l'assemblée, le disciple du Christ retourne dans son milieu habituel avec le devoir de faire de toute sa vie un don, un sacrifice spirituel agréable à Dieu (cf. *Rm* 12, 1). Il se sent débiteur envers ses frères de ce qu'il a reçu dans la célébration, tout comme les disciples d'Emmaüs qui, après avoir reconnu « à la fraction du pain » le Christ ressuscité (cf. *Lc* 24, 30-32), éprouvèrent aussitôt le besoin d'aller partager avec leurs frères la joie de leur rencontre avec le Seigneur (cf. *Lc* 24, 33-35).

Le précepte dominical

46. L'Eucharistie étant vraiment le cœur du dimanche, on comprend pourquoi, dès les premiers siècles, les pasteurs n'ont cessé de rappeler à leurs fidèles *la nécessité de participer à l'assemblée liturgique*. « Le jour du Seigneur, laissez tout – dit par exemple le traité du IIIe siècle intitulé *Didascalie des Apôtres* – et courez en hâte à votre assemblée, parce que c'est votre louange à Dieu. Autrement, quelle excuse auront devant Dieu ceux qui ne se réunissent pas le jour du Seigneur pour écouter la parole de vie et se nourrir de l'aliment de vie qui demeure éternel ? »[75] L'appel des pasteurs a rencontré généralement dans l'âme des fidèles une adhésion empressée et, si les pé-

75. II, 59, 2-3 : éd. F. X. Funk (1905), pp. 170-171.

riodes et les situations n'ont pas manqué où a faibli l'ardeur à remplir ce devoir, on ne peut cependant pas ne pas rappeler l'héroïsme authentique avec lequel prêtres et fidèles ont obéi à cette obligation dans de nombreuses situations de dangers et de restrictions à la liberté religieuse, comme on peut le constater depuis les premiers siècles de l'Église jusqu'à notre époque.

Dans sa première Apologie adressée à l'empereur Antonin et au Sénat, saint Justin pouvait décrire avec fierté la pratique chrétienne de l'assemblée dominicale qui réunissait dans le même lieu les chrétiens des villes et ceux des campagnes.[76] Au cours de la persécution de Dioclétien, lorsque leurs assemblées furent interdites avec la plus grande sévérité, les chrétiens courageux furent nombreux à défier l'édit impérial et ils acceptèrent la mort plutôt que de manquer l'Eucharistie dominicale. C'est le cas des martyrs d'Abithina, en Afrique proconsulaire, qui répondirent à leurs accusateurs : « C'est sans crainte aucune que nous avons célébré la Cène du Seigneur, parce qu'on ne peut y renoncer; c'est notre loi »; « Nous ne pouvons pas vivre sans la Cène du Seigneur ». Et l'une des martyres confessa : « Oui, je suis allée à l'assemblée et j'ai célébré la Cène du Seigneur avec mes frères, parce que je suis chrétienne ».[77]

47. Cette obligation de conscience, fondée sur un besoin intérieur que les chrétiens des premiers siècles éprouvaient avec tant de force, l'Église n'a cessé de l'affirmer, même si elle n'a pas estimé nécessaire de la prescrire d'emblée. C'est seulement plus tard, devant la tiédeur ou la négligence de certains, qu'elle a dû expliciter le devoir de participer à la Messe domi-

76. Cf. *Apologie* I, 67, 3-5 : *PG* 6, 429.

77. *Acta SS. Saturnini, Dativi et aliorum plurimorum martyrum in Africa*, 7, 9 et 10 : *PL* 8, 707 ; 709-710.

nicale : elle l'a fait le plus souvent sous forme d'exhortations, mais elle a dû parfois recourir aussi à des dispositions canoniques précises. C'est ce qu'elle a fait en divers Conciles particuliers à partir du IVe siècle (par exemple au Concile d'Elvire en 300, qui ne parle pas d'obligation mais des conséquences pénales de trois absences)[78] et surtout à partir du VIe siècle (comme cela a été fait au Concile d'Agde en 506).[79] Ces décrets de Conciles particuliers ont abouti à une coutume universelle à caractère d'obligation, comme une chose tout à fait évidente.[80]

Le Code de Droit canonique de 1917 donnait pour la première fois à cette tradition la forme d'une loi universelle.[81] Le Code actuel la reprend, disant que « le dimanche et les autres jours de fête de précepte, les fidèles sont tenus par l'obligation de participer à la Messe ».[82] Cette loi a été normalement entendue comme impliquant une obligation grave : c'est ce qu'enseigne aussi le Catéchisme de l'Église catholique,[83] et l'on en comprend bien la raison si l'on considère l'importance que revêt le dimanche pour la vie chrétienne.

48. Aujourd'hui, comme dans les temps héroïques des commencements, des situations difficiles se repro-

78. Cf. can. 21, Mansi, *Conc.* II, p. 9.

79. Cf. can. 47, Mansi, *Conc.* VIII, p. 332.

80. Cf. la proposition contraire, condamnée par Innocent XI en 1679, concernant l'obligation morale de la sanctification des fêtes : *DS* 2152.

81. Can. 1248 : « *Festis de præcepto diebus Missa audienda est* » ; can. 1247, § 1 : « *Dies festi sub præcepto in universa Ecclesia sunt (...) omnes et singuli dies dominici* ».

82. *Code de Droit canonique*, can. 1247 ; le *Code des Canons des Églises orientales*, can. 881, § 1, prescrit que « les fidèles chrétiens sont tenus par l'obligation de participer à la Divine Liturgie ou, selon les prescriptions ou la coutume légitime de leur Eglise de droit propre, à la célébration des louanges divines ».

83. N. 2181 : « Ceux qui délibérément manquent à cette obligation commettent un péché grave. »

duisent dans de nombreuses régions du monde pour de nombreuses personnes qui désirent vivre leur foi de manière cohérente. Parfois le milieu est expressément hostile, d'autres fois – et plus souvent – indifférent et réfractaire au message évangélique. Le croyant, s'il ne veut pas être accablé, doit pouvoir compter sur le soutien de la communauté chrétienne. Il est donc nécessaire qu'il soit convaincu de l'importance décisive pour sa vie de foi de se réunir le dimanche avec les autres frères afin de célébrer la Pâque du Seigneur dans le sacrement de la Nouvelle Alliance. Il appartient donc spécialement aux Évêques de s'employer « à faire en sorte que le dimanche soit reconnu par tous les fidèles, sanctifié et célébré comme véritable 'jour du Seigneur', où l'Église se rassemble pour renouveler la mémoire de son mystère pascal par l'écoute de la Parole de Dieu, par l'offrande du sacrifice du Seigneur, par la sanctification du jour dans la prière, les œuvres de charité et l'abstention de travail ».[84]

49. Et du moment que, pour les fidèles, participer à la Messe est une obligation, à moins d'empêchement grave, les Pasteurs ont le devoir correspondant d'offrir à tous la possibilité effective de satisfaire au précepte. C'est dans ce sens que sont conçues les dispositions du droit ecclésiastique, telles que, par exemple, la faculté pour le prêtre, ayant reçu l'autorisation de l'Évêque diocésain, de célébrer plus d'une Messe le dimanche et les jours de fête,[85] l'institution de Messes du soir[86] et enfin l'indication selon laquelle le temps

84. S. CONGR. POUR LES EVEQUES, Directoire pour le ministère pastoral des évêques *Ecclesia imago* (22 février 1973), n. 86a : *Enchiridion Vaticanum* 4, n. 2069.
85. Cf. *Code de Droit canonique*, can. 905, § 2.
86. Cf. PIE XII, Const. apost. *Christus Dominus* (6 janvier 1953) : AAS 45 (1953), pp. 15-24 ; Motu proprio *Sacram Communionem* (19 mars 1957) : AAS 49 (1957), pp. 177-178 ; CONGR. DU SAINT-

utile pour remplir l'obligation commence le samedi soir aux premières vêpres du dimanche.[87] Du point de vue liturgique, en effet, le jour de fête commence par ces vêpres.[88] Par conséquent, la liturgie de la Messe appelée parfois « pré-festive », mais qui est en réalité et pleinement « festive », est celle du dimanche, avec l'obligation pour le célébrant de faire une homélie et de réciter avec les fidèles la prière universelle.

Les pasteurs rappelleront en outre aux fidèles que, en cas d'absence de leur résidence habituelle le dimanche, ils doivent se soucier de participer à la Messe là où ils se trouvent, enrichissant ainsi la communauté locale de leur témoignage personnel. En même temps, il conviendra que ces communautés fassent preuve d'un sens de l'accueil chaleureux à l'égard des frères venus de l'extérieur, particulièrement dans les lieux qui attirent de nombreux touristes et pèlerins, pour lesquels il sera souvent nécessaire de prévoir des initiatives spéciales d'assistance religieuse.[89]

Célébration joyeuse et harmonieuse

50. Etant donné le caractère propre de la Messe dominicale et son importance pour la vie des fidèles, il convient de la préparer avec un soin particulier. Dans les formes suggérées par la sagesse pastorale et par les usages locaux, en harmonie avec les normes liturgiques, il faut s'assurer que la célébration ait le carac-

Office, Instruction sur la discipline du jeûne eucharistique (6 janvier 1953) : *AAS* 45 (1953), pp. 47-51.

87. Cf. *Code de Droit canonique*, can. 1248, § 1 ; *Code des Canons des Eglises orientales*, can. 881, § 2.

88. Cf. *Missale Romanum, Normæ universales de Anno liturgico et de Calendario*, n. 3.

89. Cf. S. Congr. pour les Eveques, Directoire pour le ministère pastoral des évêques *Ecclesiæ imago* (22 février 1973), n. 86 : *Enchiridion Vaticanum* 4, nn. 2069-2073.

tère festif qui convient au jour où l'on commémore la Résurrection du Seigneur. À cette fin, il importe d'accorder une grande attention au *chant de l'assemblée*, parce qu'il est bien adapté à l'expression de la joie du cœur, qu'il souligne la solennité et favorise le partage de la foi unique et du même amour. Par conséquent, on doit se soucier de sa qualité, tant pour les textes que pour les mélodies, afin que les créations nouvelles proposées aujourd'hui soient conformes aux dispositons liturgiques et dignes de la tradition ecclésiale qui peut se prévaloir d'un patrimoine de valeur inestimable dans ce domaine.

Célébration qui engage à une participation active

51. Il est nécessaire en outre de faire le maximum d'efforts afin que toutes les personnes présentes, jeunes et adultes, se sentent concernées, et de promouvoir l'implication des fidèles dans les modes de participation que suggère et recommande la liturgie.[90] Certes, il n'appartient qu'à ceux qui exercent le sacerdoce ministériel au service de leurs frères d'accomplir le Sacrifice eucharistique et de l'offrir à Dieu au nom du peuple tout entier.[91] C'est en cela qu'est fondée la distinction, qui est bien plus que de l'ordre de la discipline, entre les fonctions propres au célébrant et celles qui reviennent aux diacres et aux fidèles non ordonnés.[92] Toutefois, les fidèles doivent être

90. Cf. CONC.ŒCUM. VAT. II, Const. sur la sainte Liturgie *Sacrosanctum concilium*, nn. 14 et 26 ; JEAN-PAUL II, Lettre apost. *Vicesimus quintus annus* (4 décembre 1988), nn. 4, 6 et 12 : *AAS* 81 (1989), pp. 900-901 ; 902 ; 909-910.

91. Cf. CONC. ŒCUM. VAT. II, Const. dogm. sur l'Eglise *Lumen gentium*, n. 10 :

92. Cf. Instr. interdicastérielle sur quelques questions concernant la collaboration des fidèles laïcs au ministère des prêtres *Ecclesiæ de mysterio* (15 août 1997), nn. 6 et 8 : *AAS* 89 (1997), pp. 869 ; 870-872.

conscients que, en vertu du sacerdoce commun reçu au baptême, ils « concourent à l'offrande de l'Eucharistie ».[93] « Ils offrent à Dieu la victime divine, et s'offrent eux-mêmes avec elle. Ainsi, tant par l'oblation que par la sainte communion, tous, non pas indistinctement mais chacun à sa manière, assument leur rôle propre dans l'action liturgique » ;[94] ils y puisent lumière et force pour vivre leur sacerdoce baptismal par la prière et le témoignage de sainteté de leur vie.

Autres moments du dimanche chrétien

52. Si la participation à l'Eucharistie est le cœur du dimanche, il serait cependant réducteur de ramener à cela seul le devoir de le « sanctifier ». Le jour du Seigneur est en effet bien vécu s'il est tout entier marqué par la mémoire reconnaissante et active des merveilles de Dieu. Cela engage chacun des disciples du Christ à donner aussi à d'autres moments de la journée, vécus en dehors du contexte liturgique – la vie de famille, les relations sociales, les temps de détente -, un style qui aide à faire ressortir la paix et la joie du Ressuscité dans le tissu ordinaire de la vie. Par exemple, parents et enfants se retrouvant dans le calme, peuvent en profiter, non seulement pour s'ouvrir à l'écoute mutuelle, mais aussi pour vivre ensemble des moments de formation et de plus grand recueillement. Pourquoi ne pas prévoir, même dans la vie laïque lorsque c'est possible, des *temps consacrés à la prière*, comme en particulier la célébration solennelle des vêpres, ainsi qu'éventuellement des *rencontres de catéchèse* qui, la veille du dimanche ou l'après-midi du jour, préparent et complètent dans l'âme des chrétiens le don même de l'Eucharistie ?

93. CONC. ŒCUM. VAT. II, Const. dogm. sur l'Église *Lumen gentium*, n. 10 : *« in oblationem Eucharistiæ concurrunt »*.
94. Ibid., n. 11.

Cette forme assez traditionnelle de « sanctification du dimanche » est peut-être devenue plus difficile dans beaucoup de milieux ; mais l'Église manifeste sa foi en la présence agissante du Ressuscité et en la puissance de l'Esprit Saint en montrant, aujourd'hui plus que jamais, qu'elle ne se contente pas de propositions minimalistes ou médiocres sur le plan de la foi, et en aidant les chrétiens à faire ce qui est plus parfait et plus agréable au Seigneur. Du reste, en dehors de ces difficultés, les signes positifs et encourageants ne manquent pas. Grâce au don de l'Esprit, on voit apparaître, dans beaucoup de milieux ecclésiaux, une aspiration nouvelle à la prière dans ses formes multiples. On redécouvre aussi des expressions anciennes du sentiment religieux, comme le pèlerinage, et les fidèles profitent souvent du repos dominical pour se rendre dans des sanctuaires où ils vivent pendant quelques heures, peut-être en famille, une expérience de foi plus intense. Ce sont des moments de grâce qu'il convient de nourrir par une annonce évangélique appropriée et d'orienter avec une juste sagesse pastorale.

Les assemblées dominicales en l'absence de prêtre

53. Reste le problème des paroisses où il n'est pas possible de bénéficier du ministère d'un prêtre qui célèbre l'Eucharistie dominicale. Cela se produit souvent dans les jeunes Églises, où un seul prêtre a la responsabilité pastorale de fidèles dispersés dans un vaste territoire. Des situations d'urgence peuvent se rencontrer également dans les pays de tradition chrétienne séculaire, lorsque la raréfaction du clergé empêche d'assurer la présence d'un prêtre dans toutes les communautés paroissiales. L'Église, prenant en considération les cas d'impossibilité de la célébration eucharistique, recommande la convocation d'assem-

blées dominicales en l'absence de prêtre,[95] selon les indications et les directives données par le Saint-Siège, dont l'application est confiée aux Conférences épiscopales.[96] Toutefois, l'objectif doit demeurer la célébration du sacrifice de la Messe, seule véritable actualisation de la Pâque du Seigneur, seule réalisation complète de l'assemblée eucharistique que le prêtre préside *in persona Christi*, rompant le pain de la Parole et celui de l'Eucharistie. Au niveau pastoral, on prendra donc toutes les mesures nécessaires pour que les fidèles qui en sont habituellement privés puissent en bénéficier le plus souvent possible, en favorisant la présence périodique d'un prêtre, ou en profitant au mieux de toutes les occasions d'organiser un rassemblement en un lieu central, accessible à différents groupes éloignés.

Transmissions radiophoniques et télévisées

54. Enfin, les fidèles qui, en raison de la maladie, de l'infirmité ou pour d'autres motifs graves, en sont empêchés, auront à cœur de s'unir à distance, de la meilleure manière possible, à la célébration de la Messe dominicale, de préférence par les lectures et les prières prévues dans le Missel pour le jour, de même que par le désir de l'Eucharistie.[97] Dans de nombreux pays, la télévision et la radio donnent la possibilité de s'unir à une célébration eucharistique

95. Cf. *Code de Droit canonique*, can. 1248, § 2.
96. Cf. S. Congr. pour le Culte divin, Directoire pour les célébrations dominicales en l'absence de prêtre *Christi Ecclesiæ* (2 juin 1988) : *La Documentation catholique* 85 (1988), pp. 1101-1105 ; Instruction interdicastérielle sur quelques questions concernant la collaboration des fidèles laïcs au ministère des prêtres *Ecclesia de mysterio* (15 août 1997) : AAS 89 (1997), pp. 852-877.
97. Cf. *Code de Droit canonique*, can. 1248, § 2 ; Congr. pour la Doctrine de la Foi, Lettre *Sacerdotium ministeriale* (6 août 1983), III : *AAS* 75 (1983), p. 1007.

au moment où elle se déroule dans un sanctuaire.[98] Ce type de transmissions en soi ne permet évidemment pas de satisfaire au précepte dominical ; car celui-ci exige la participation à l'assemblée fraternelle qui est réunie en un même lieu et qui rend possible la communion eucharistique. Mais, pour ceux qui sont empêchés de participer à l'Eucharistie et sont donc excusés de satisfaire au précepte, la transmission télévisée ou radiophonique constitue une aide précieuse, surtout si elle est complétée par le service généreux de ministres extraordinaires qui portent l'Eucharistie aux malades, en leur apportant le salut et la solidarité de toute la communauté. Ainsi, pour ces chrétiens aussi, la Messe dominicale produit des fruits abondants, et ils peuvent vivre le dimanche comme le vrai « jour du Seigneur » et le « jour de l'Église ».

98. Cf. COMMISSION PONT. POUR LES COMMUNICATIONS SOCIALES, Instr. *Communio et progressio* (23 mai 1971), nn. 150-152 ; 157 : *AAS* 63 (1971), pp. 645-646 ; 647.

Chapitre IV

DIES HOMINIS
Le dimanche, jour de joie, de repos et de solidarité

La « joie complète » du Christ

55. « Béni soit Celui qui a élevé le grand jour du Dimanche au-dessus de tous les jours. Les cieux et la terre, les anges et les hommes s'abandonnent à la joie ».[99] Ces accents de la liturgie maronite évoquent bien les acclamations vibrantes et joyeuses qui, dans la liturgie occidentale et dans la liturgie orientale, ont depuis toujours caractérisé le dimanche. Du reste historiquement, avant même qu'il ne soit un jour de repos – ce qui n'était alors pas prévu par le calendrier civil -, les chrétiens vécurent le jour hebdomadaire du Seigneur ressuscité surtout comme un jour de joie. « Le premier jour de la semaine, soyez tous dans la joie », lit-on dans la *Didascalie des Apôtres*.[100] La manifestation de la joie était traduite également dans la pratique liturgique par le choix de gestes appropriés.[101] Saint Au-

99. Proclamation diaconale en l'honneur du jour du Seigneur : cf. texte syriaque dans le Missel selon le rite de l'Eglise d'Antioche des Maronites (édition en syriaque et en arabe), Jounieh (Liban) 1959, p. 38.
100. V, 20, 11 : éd. F. X. Funk (1905), p. 298 ; cf. *Didachè* 14, 1 : éd. F. X. Funk (1901), p. 32 ; Tertullien, *Apologeticum* 16, 11 : CCL 1, p. 116. Voir en particulier *Lettre de Barnabé*, 15, 9 : *SC* 172, pp. 188-189 : « Voici pourquoi nous célébrons comme une fête joyeuse le huitième jour, au cours duquel Jésus est ressuscité des morts et, après être apparu, est monté au ciel ».

gustin, qui se fait l'interprète de la conscience ecclésiale courante des premiers siècles, met ainsi en évidence le caractère joyeux de la Pâque hebdomadaire : « Qu'on abandonne les jeûnes et qu'on prie debout en signe de la Résurrection ; et que, pour cette raison, on chante aussi l'alléluia tous les dimanches ».[102]

56. Au-delà des expressions rituelles particulières qui peuvent varier dans le temps selon la discipline de l'Église, il reste que le dimanche, écho hebdomadaire de la première expérience du Ressuscité, ne peut qu'être marqué par la joie avec laquelle les disciples accueillirent le Maître : « Les disciples furent remplis de joie à la vue du Seigneur » (*Jn* 20, 20). La parole dite par Jésus avant la Passion se réalisait pour eux, comme elle s'accomplira pour toutes les générations chrétiennes : « Vous serez tristes, mais votre tristesse se changera en joie » (*Jn* 16, 20). N'avait-il pas prié lui-même pour que les disciples aient « la plénitude de sa joie » (cf. *Jn* 17, 13) ? Le caractère festif de l'Eucharistie dominicale exprime la joie que le Christ communique à son Église par le don de l'Esprit. La joie est précisément l'un des fruits de l'Esprit Saint (cf. *Rm* 14, 17 ; *Ga* 5, 22).

57. Si donc nous voulons pleinement redécouvrir le dimanche, il faut retrouver également cette dimension de l'existence croyante. La joie chrétienne doit sans doute caractériser toute la vie, et non seulement un jour de la semaine, mais, étant donné sa signification de *jour du Seigneur ressuscité* au cours duquel on cé-

101. Tertullien nous apprend par exemple qu'il était interdit de s'agenouiller le dimanche, car cette position, qui était alors comprise surtout comme un geste pénitentiel, semblait peu convenir au jour de la joie : cf. *De corona* 3, 4 : *CCL* 2, p. 1043.
102. *Ep.* 55, 28 : *CSEL* 34^2, p. 202.

lèbre l'œuvre divine de la création et de la « nouvelle création », le dimanche est à un titre spécial un jour de joie, et même un jour propre à se former à la joie et à en redécouvrir les traits authentiques et les racines profondes. Il ne faut pas la confondre avec de vains sentiments de satisfaction et de plaisir, qui enivrent la sensibilité et l'affectivité pendant un bref instant, mais laissent ensuite dans le cœur l'insatisfaction et même l'amertume. Entendue dans son sens chrétien, la joie est quelque chose de bien plus durable et réconfortant ; elle sait même résister, comme l'attestent les saints,[103] à la nuit obscure de la souffrance et, en un sens, c'est une « vertu » à cultiver.

58. Il n'existe cependant aucune opposition entre la joie chrétienne et les vraies joies humaines. Au contraire, ces dernières sont exaltées et trouvent précisément leur fondement ultime dans la joie du Christ glorifié[104] (cf. *Ac* 2, 24-31), image parfaite et révélation de l'homme selon le dessein de Dieu. Comme l'écrivit, dans son Exhortation sur la joie chrétienne, mon vénéré prédécesseur Paul VI, « par essence, la joie chrétienne est participation spirituelle à la joie insondable, conjointement divine et humaine, qui est au cœur de Jésus Christ glorifié ». Et le Pape concluait son Exhortation en demandant que, le jour du Seigneur, l'Église témoignât fortement de la joie éprouvée par les Apôtres à la vue du Seigneur le soir de Pâques. Il invitait donc les pasteurs à insister « sur la fidélité des baptisés à célébrer dans la joie l'Eucharistie dominicale. Comment pourraient-ils négliger cette

103. Cf. S. Thérese de l'Enfant-Jésus et de la Sainte-Face, Dernières paroles, 5-6 juillet 1897 : Œuvres complètes, Paris (1992), pp. 1024-1025.
104. Exhort. apost. *Gaudete in Domino* (9 mai 1975), II : *AAS* 67 (1975), p. 295.

rencontre, ce banquet que le Christ nous prépare dans son amour ? Que la participation y soit à la fois très digne et festive ! C'est le Christ, crucifié et glorifié, qui passe au milieu de ses disciples, pour les entraîner ensemble dans le renouveau de sa résurrection. C'est le sommet, ici-bas, de l'Alliance d'amour entre Dieu et son peuple : signe et source de joie chrétienne, relais pour la fête éternelle ».[105] Dans cet esprit de foi, le dimanche chrétien est une manière de faire une « fête » authentique, un jour donné par Dieu à l'homme pour sa pleine croissance humaine et spirituelle.

L'accomplissement du sabbat

59. Cet aspect du dimanche chrétien manifeste de manière spéciale sa dimension d'accomplissement du sabbat vétéro-testamentaire. Le jour du Seigneur, que l'Ancien Testament relie, ainsi qu'il a été dit, à l'œuvre de la création (cf. *Gn* 2, 1-3 ; *Ex* 20, 8-11) et de l'Exode (cf. *Dt* 5, 12-15), le chrétien est appelé à annoncer la nouvelle création et la nouvelle Alliance accomplies dans le mystère pascal du Christ. Loin d'être supprimée, la célébration de la création est approfondie dans une perspective christocentrique, c'est-à-dire à la lumière du dessein divin de « ramener toutes choses sous un seul Chef, le Christ, les êtres célestes comme les terrestres » (*Ep* 1, 10). À son tour, un sens plénier est donné également au mémorial de la libération accomplie par l'Exode, qui devient un mémorial de la rédemption universelle accomplie par le Christ mort et ressuscité. Loin de se substituer au sabbat, le dimanche en est donc la réalisation achevée et, en un sens, l'extension et la pleine expression, par référence au chemin de l'histoire du salut, qui a son sommet dans le Christ.

105. *Ibid.*, Conclusion, *l.c.*, p. 322.

60. Dans cette perspective, la théologie biblique du « shabbat » peut être pleinement reprise, sans que cela porte préjudice au caractère chrétien du dimanche. Elle nous ramène toujours et avec un étonnement qui ne faiblit jamais à ce mystérieux commencement où la Parole éternelle de Dieu tira le monde du néant par une libre décision d'amour. Le sceau de cette œuvre créatrice fut la bénédiction et la consécration du jour où Dieu chôma « après tout le travail qu'il avait fait » (*Gn* 2, 3). Ce jour du repos de Dieu donne tout son sens au temps qui reçoit, dans la succession des semaines, non seulement des repères chronologiques, mais aussi, pour ainsi dire, une portée théologique. En effet, le retour constant du « shabbat » soustrait le temps au risque du repli sur soi, parce qu'il reste ouvert à la perspective de l'éternel, par l'accueil de Dieu et de ses *kairoì*, c'est-à-dire des temps de sa grâce et de ses interventions salvifiques.

61. Au terme de toute l'œuvre de la création, le « shabbat », septième jour béni et consacré par Dieu, se relie immédiatement à l'œuvre du sixième jour, où Dieu fit l'homme « à son image, comme sa ressemblance » (cf. *Gn* 1, 26). Ce lien très étroit entre le « jour de Dieu » et le « jour de l'homme » n'a pas échappé aux Pères quand ils ont médité sur le récit biblique de la création. Ambroise dit à ce sujet : « Je rends grâce au Seigneur notre Dieu, qui a fait une œuvre telle qu'il pût s'y reposer. Il a fait le ciel, mais je ne lis pas qu'il se soit reposé ; il a fait la terre, mais je ne lis pas qu'il se soit reposé ; il a fait le soleil, la lune et les étoiles, et là non plus, je ne lis pas qu'il se soit reposé, mais je lis qu'il a fait l'homme et qu'alors il se reposa, en ayant quelqu'un à qui il pût remettre ses péchés ».[106] Ainsi, le « jour de Dieu » sera à jamais di-

106. Hexam. 6, 10, 76 : CSEL 32[1], p. 261.

rectement lié au « jour de l'homme ». Quand le commandement de Dieu dit : « Tu te souviendras du jour du sabbat pour le sanctifier « (*Ex* 20, 8), la pause ordonnée pour honorer le jour qui lui est consacré n'est nullement un commandement pesant pour l'homme, mais plutôt une aide qui lui permet de reconnaître sa dépendance vitale et libératrice à l'égard du Créateur, ainsi que sa vocation à collaborer à son œuvre et à accueillir sa grâce. En honorant le « repos » de Dieu, l'homme se redécouvre pleinement lui-même; ainsi le jour du Seigneur se révèle profondément marqué par la bénédiction divine (cf. *Gn* 2, 3) et, grâce à elle, on pourrait le dire doué comme les animaux et les hommes (cf. *Gn* 1, 22.28) d'une sorte de « fécondité ». Cette « fécondité » s'exprime surtout en ce que le sabbat ravive et, en un sens, « multiplie » le temps lui-même, accroissant en l'homme, par la mémoire du Dieu vivant, la joie de vivre et le désir de promouvoir et de donner la vie.

62. Le chrétien devra alors se souvenir que, si pour lui les modalités du sabbat juif sont caduques, dépassées par l'« accomplissement » dominical, les motifs de fond qui imposent la sanctification du « jour du Seigneur » restent valables, fixés avec la solennité des commandements du Décalogue, mais à relire à la lumière de la théologie et de la spiritualité du dimanche : « Observe le jour du sabbat pour le sanctifier, comme te l'a commandé le Seigneur ton Dieu. Pendant six jours tu travailleras et tu feras tout ton ouvrage, mais le septième jour est un sabbat pour le Seigneur ton Dieu. Tu n'y feras aucun ouvrage, toi, ni ton fils, ni ta fille, ni ton serviteur, ni ta servante, ni ton bœuf, ni ton âne ni aucune de tes bêtes, ni l'étranger qui est dans tes portes. Ainsi, comme toi-même, ton serviteur et ta servante pourront se reposer. Tu te

souviendras que tu as été en servitude au pays d'Égypte et que le Seigneur ton Dieu t'en a fait sortir d'une main forte et d'un bras étendu; c'est pourquoi le Seigneur ton Dieu t'a commandé de garder le jour du sabbat » (*Dt* 5, 12-15). L'observance du sabbat paraît ici intimement liée à l'œuvre de libération accomplie par Dieu pour son peuple.

63. Le Christ est venu pour réaliser un nouvel « exode », pour rendre la liberté aux opprimés. Il a fait de nombreuses guérisons le jour du sabbat (cf. *Mt* 12, 9-14 et parallèles), non pas pour violer le jour du Seigneur, mais pour lui donner toute sa signification : « Le sabbat a été fait pour l'homme, et non l'homme pour le sabbat » (*Mc* 2, 27). Pour s'opposer à l'interprétation trop légaliste de certains de ses contemporains et pour déployer le sens authentique du sabbat biblique, Jésus, « Maître du sabbat » (*Mc* 2, 28), redonne son caractère libérateur à l'observance de ce jour, institué pour faire respecter à la fois les droits de Dieu et ceux de l'homme. On comprend ainsi pourquoi les chrétiens, qui annonçaient la libération accomplie dans le sang du Christ, eurent raison de se sentir autorisés à faire passer le sens du sabbat dans le jour de la résurrection. En effet, la Pâque du Christ a libéré l'homme d'un esclavage bien plus radical que celui qui pesait sur un peuple opprimé, l'esclavage du péché qui met l'homme à distance de Dieu, à distance de lui-même et des autres, en introduisant dans l'histoire des germes toujours nouveaux de méchanceté et de violence.

Le jour du repos

64. Pendant quelques siècles, les chrétiens ne vécurent le dimanche que comme un jour réservé au culte, sans pouvoir lui donner aussi son sens spécifique de repos sabbatique. La loi civile de l'Empire romain ne

reconnut le rythme de la semaine qu'au IVe siècle, si bien que, « le jour du soleil », les juges, les populations des villes et les différents corps de métiers cessèrent de travailler.[107] Les chrétiens se réjouirent de voir ainsi levés les obstacles qui, jusqu'alors, leur avaient parfois rendu héroïque l'observance du jour du Seigneur. Ils pouvaient désormais se donner librement à la prière commune.[108]

Ce serait donc une erreur de ne voir dans cette législation respectueuse du rythme hebdomadaire qu'un simple fait historique sans valeur pour l'Église et qui pourrait être négligé par elle. Même après la fin de l'Empire, les Conciles n'ont cessé de conserver les dispositions relatives au repos dominical. Dans les pays où les chrétiens sont en petit nombre et où les jours de fête du calendrier ne correspondent pas au dimanche, ce dernier demeure toujours néanmoins le jour du Seigneur, le jour où les fidèles se réunissent pour l'assemblée eucharistique, mais cela ne se fait qu'au prix de sacrifices considérables. Pour les chrétiens, il n'est pas normal que le dimanche, jour de fête et de joie, ne soit pas aussi un jour de repos, et il reste en toute hypothèse difficile de « sanctifier » le dimanche quand on ne dispose pas d'un temps libre suffisant.

65. D'autre part, dans la société civile, le lien entre jour du Seigneur et jour de repos a une importance et une signification qui vont au-delà d'une perspective proprement chrétienne. En effet, l'alternance du travail et du repos, inscrite dans la nature humaine, est voulue par Dieu lui-même, comme le montre le récit

107. Cf. l'édit de Constantin, 3 juillet 321 : *Codex Theodosianus* II, 8, 1, éd. Th. Mommsen, 1^2, p. 87 ; *Codex Iustiniani* 3, 12, 2, éd. P. Krueger, p. 248.
108. Cf. Eusebe de Césarée, *Vie de Constantin*, 4, 18 : *PG* 20, 1165.

de la création dans le livre de la Genèse (cf. 2, 2-3 ; *Ex* 20, 8-11) : le repos est chose « sacrée », puisqu'il permet à l'homme de se soustraire au cycle des tâches terrestres, qui est parfois bien trop absorbant, et de reprendre conscience du fait que tout est l'œuvre de Dieu. Le pouvoir prodigieux que Dieu donne à l'homme sur la création risquerait de faire oublier à ce dernier que Dieu est le Créateur de qui tout dépend. La reconnaissance de ce point est particulièrement nécessaire à notre époque où la science et la technique ont accru de manière inouïe le pouvoir que l'homme exerce par son travail.

66. Enfin, il ne faut pas perdre de vue le fait que, même de nos jours, le travail est pour beaucoup une pesante servitude, soit en raison des conditions déplorables dans lequel il s'effectue et des horaires qu'il impose, surtout dans les régions les plus pauvres du monde, soit parce qu'il subsiste, même dans les sociétés dont l'économie est la plus évoluée, trop de cas d'injustice et d'exploitation de l'homme par l'homme. Quand l'Église a légiféré au cours des siècles sur le repos dominical,[109] elle a surtout pensé au travail des serfs et des ouvriers, non certes que ce travail eût été moins respectable que les exigences spirituelles de la pratique dominicale, mais parce qu'il avait davantage besoin qu'une réglementation en allégeât le poids et permît à tous de sanctifier le jour du Seigneur. Dans cet esprit, mon prédécesseur Léon XIII montrait dans l'encyclique *Rerum novarum* que le re-

109. Le document ecclésiastique le plus ancien sur ce sujet est le canon 29 du Concile de Laodicée (seconde moitié du IVe siècle) : Mansi, t. II, 569-570. du VIe au IXe siècle, de nombreux conciles prohibèrent les travaux des champs (« *opera ruralia* »). La législation sur les travaux interdits, renforcée par des lois civiles, devint progressivement plus précise.

pos dominical est un droit du travailleur à faire garantir par l'État.[110]

À notre époque, il reste nécessaire de faire effort pour que tous puissent connaître la liberté, le repos et la détente nécessaires à leur dignité d'hommes, avec les exigences religieuses, familiales, culturelles, interpersonnelles qui s'y rattachent et qui peuvent difficilement être satisfaites, si l'on ne réserve pas au moins un jour par semaine où il sera possible de jouir *ensemble* de la faculté de se reposer dans une atmosphère de fête. Ce droit du travailleur au repos suppose évidemment son droit au travail et, tout en réfléchissant à cette problématique liée à la conception chrétienne du dimanche, nous ne pouvons pas nous dispenser d'évoquer avec une profonde solidarité la situation difficile d'hommes et de femmes nombreux qui, faute d'avoir un emploi, sont contraints à l'inaction, même pendant les jours ouvrables.

67. Avec le repos dominical, les préoccupations et les tâches quotidiennes peuvent retrouver leur juste dimension : les choses matérielles pour lesquelles nous nous agitons laissent place aux valeurs de l'esprit ; les personnes avec lesquelles nous vivons reprennent leur vrai visage, dans des rencontres et des dialogues plus paisibles. Les beautés mêmes de la nature – trop souvent dégradées par une logique de domination qui se retourne contre l'homme – peuvent être redécouvertes et profondément appréciées. Jour de paix pour l'homme avec Dieu, avec lui-même et avec ses semblables, le dimanche devient ainsi un moment où l'homme est invité à porter un regard renouvelé sur les merveilles de la nature, en se laissant saisir par l'harmonie admirable

110. Cf. Encycl. *Rerum novarum* (15 mai 1891) : *Acta Leonis XIII*, 11 (1891), pp. 127-128.

et mystérieuse qui, comme le dit saint Ambroise, selon « une loi inviolable de concorde et d'amour », unit les éléments de nature distincte du cosmos par « un lien d'unité et de paix ».[111] L'homme devient alors plus conscient, selon les paroles de l'Apôtre, de ce que « tout ce que Dieu a créé est bon et aucun aliment n'est à proscrire, si on le prend avec action de grâces la parole de Dieu et la prière le sanctifient » (*1 Tm* 4, 4-5). Si donc, après six jours de travail – déjà réduits en réalité à cinq pour beaucoup –, l'homme cherche un temps pour se détendre et pour mieux s'occuper des autres aspects de sa vie, cela répond à un besoin authentique, en harmonie avec la perspective du message évangélique. Toutefois, le croyant doit satisfaire à cette exigence sans porter préjudice aux expressions importantes de sa foi personnelle et communautaire, manifestée dans la célébration et la sanctification du jour du Seigneur.

C'est pourquoi il est naturel que les chrétiens veillent à ce que la législation civile tienne compte de leur devoir de sanctifier le dimanche, même dans les conditions particulières de notre époque. Il y a en tout cas pour eux un devoir de conscience d'organiser le repos dominical de manière telle qu'il leur soit possible de participer à l'Eucharistie, en s'abstenant des travaux et des affaires incompatibles avec la sanctification du jour du Seigneur, avec la joie qui lui est propre et avec le repos du corps et de l'esprit qui est nécessaire.[112]

68. Étant donné que, pour ne pas se perdre dans le vide ou devenir une source d'ennui, le repos doit apporter lui-même un enrichissement spirituel, une plus grande liberté, la possibilité d'une contemplation et

111. *Hexameron* 2, 1, 1 : CSEL 32^1, p. 41.
112. Cf. *Code de Droit canonique*, can. 1247 ; *Code des canons des Eglises orientales*, can. 881, §§ 1 et 4.

d'une communion fraternelle, les fidèles choisiront, parmi les moyens de se cultiver et les divertissements offerts par la société, ceux qui s'accordent le mieux avec une vie conforme aux préceptes de l'Évangile. Dans cette perspective, le repos des dimanches et des jours de fête revêt une dimension « prophétique », puisqu'il affirme non seulement le primat absolu de Dieu, mais aussi le primat et la dignité de la personne qui l'emporte sur les exigences de la vie sociale et économique, en quelque sorte par anticipation des « cieux nouveaux » et de la « terre nouvelle », où la libération de l'esclavage des besoins sera définitive et totale. Bref, le jour du Seigneur devient aussi, de la manière la plus authentique, *le jour de l'homme*.

Jour de solidarité

69. Le dimanche doit également donner aux fidèles l'occasion de se consacrer aux œuvres de miséricorde, de charité et d'apostolat. La participation intérieure à la joie du Christ ressuscité doit pousser aussi à partager pleinement l'amour qui anime son cœur : il n'y a pas de joie sans amour ! Jésus lui-même l'explique, lorsqu'il met en rapport le « commandement nouveau » avec la joie qu'il donne : « Si vous gardez mes commandements, vous demeurerez en mon amour, comme moi j'ai gardé les commandements de mon Père et je demeure en son amour. Je vous dis cela pour que ma joie soit en vous et que votre joie soit complète. Voici quel est mon commandement : vous aimer les uns les autres comme je vous ai aimés » (*Jn* 15, 10-12).

L'Eucharistie dominicale ne détourne pas les fidèles de leurs devoirs de charité, mais elle les engage au contraire « à pratiquer toutes les œuvres de charité, de piété et d'apostolat, afin de rendre manifeste par ces œuvres que, tout en n'étant pas du monde, les chrétiens sont cependant la lumière du monde et qu'ils rendent gloire au Père devant les hommes ».[113]

70. De fait, dès les temps apostoliques, le rassemblement dominical a été pour les chrétiens un moment de partage fraternel avec les plus pauvres. « Que le premier jour de la semaine, chacun de vous mette de côté chez lui ce qu'il aura pu épargner » (*1 Co* 16, 2). Il s'agit ici de la collecte organisée par Paul pour les Églises pauvres de Judée. Dans l'Eucharistie dominicale, le cœur du croyant s'élargit aux dimensions de l'Église. Mais il faut saisir en profondeur l'invitation de l'Apôtre qui, loin de promouvoir une conception étroite de l'« aumône », fait plutôt appel à une *culture exigeante du partage*, vécue autant chez les membres de la communauté que par rapport à la société tout entière.[114] Il faut réécouter plus que jamais les avertissements sévères qu'il adresse à la communauté de Corinthe, coupable d'avoir humilié les pauvres lors de l'agape fraternelle qui accompagnait la « Cène du Seigneur » : « Lors donc que vous vous réunissez en commun, ce n'est plus le Repas du Seigneur que vous prenez. Dès qu'on est à table en effet, chacun prend d'abord son propre repas, et l'un a faim tandis que l'autre est ivre. Vous n'avez donc pas de maison pour manger et boire ? Ou bien méprisez-vous l'Église de Dieu, et voulez-vous faire honte à ceux qui n'ont rien ? » (*1 Co* 11, 20-22). La parole de Jacques n'est pas

113. CONC. ŒCUM. VAT. II, Const. sur la sainte liturgie *Sacrosanctum Concilium*, n. 9.

114. Cf. aussi S. JUSTIN, *Apologie* I, 67, 6 : « Ceux qui ont des ressources et qui veulent bien donner, donnent librement ce qu'ils veulent, et la somme totale est apportée à celui qui préside et qui vient en aide aux orphelins et aux veuves, à ceux qui sont abandonnés pour cause de maladie ou pour une autre raison, à ceux qui sont en prison, aux étrangers accueillis ; bref, elle sert à tous ceux qui sont dans le besoin » : *PG* 6, 429.

moins vigoureuse : « Supposez qu'il entre dans votre assemblée un homme à bague d'or, en habit resplendissant, et qu'il entre aussi un pauvre en habit malpropre. Vous tournez vos regards vers celui qui porte l'habit resplendissant et vous lui dites : 'Toi, assieds-toi ici à la place d'honneur.' Quant au pauvre, vous lui dites : 'Toi, tiens-toi là debout'ou bien : 'Assieds-toi au bas de mon escabeau'. Ne portez-vous pas en vous-mêmes un jugement, ne devenez-vous pas des juges aux pensées perverses ? » (2, 2-4).

71. Les appels des Apôtres trouvèrent rapidement un écho dès les premiers siècles et ils firent vibrer de vigoureux accents dans la prédication des Pères de l'Église. Saint Ambroise adressait des paroles brûlantes aux riches qui prétendaient remplir leurs obligations religieuses en fréquentant l'église sans partager leurs biens avec les pauvres et même en les opprimant : « Entends-tu, homme riche, ce que dit le Seigneur Dieu ? Et tu viens à l'église non pour donner quelque chose au pauvre, mais pour le lui enlever ? ».[115] Saint Jean Chrysostome n'était pas moins exigeant : « Veux-tu honorer le corps du Christ ? Ne le méprise pas quand il est nu. Ne lui rends pas honneur ici, dans l'église, avec des étoffes de soie, pour le mépriser ensuite dehors, où il souffre du froid et de la nudité. Celui qui a dit : 'Ceci est mon corps', est celui-là même qui a dit : 'Vous m'avez vu avoir faim et vous ne m'avez pas donné à manger', et 'ce que vous avez fait au plus petit de mes frères, c'est à moi que vous l'avez fait'[...]. À quoi sert-il que la table du Christ soit remplie de coupes d'or, alors que lui-même meurt de

115. *De Nabuthæ*, 10, 45 : « *Audis, dives, quid Dominus Deus dicat ? Et tu ad ecclesiam venis, non ut aliquid largiaris pauperi, sed ut auferas* » : *CSEL* 32², p. 492.

faim ? Commence par donner à manger à l'affamé, et avec ce qui restera décore aussi la table ».[116]

Ce sont des paroles qui rappellent bien à la communauté chrétienne le devoir de faire de l'Eucharistie le lieu où la fraternité devient une solidarité concrète, et où les derniers deviennent les premiers dans l'estime et dans l'affection de leurs frères, lorsque le Christ lui-même, par le don généreux fait par les riches aux plus pauvres, peut en quelque sorte continuer dans le temps le miracle de la multiplication des pains.[117]

72. L'Eucharistie est un événement de fraternité et un appel à vivre la fraternité. Il rayonne de la Messe dominicale une onde de charité, destinée à se diffuser dans toute la vie des fidèles, en commençant par animer aussi la façon de vivre le reste du dimanche. Si c'est un jour de joie, il faut que le chrétien dise par ses attitudes concrètes qu'on ne peut être heureux « tout seul ». Il regarde autour de lui, pour découvrir les personnes qui peuvent avoir besoin de son sens de la solidarité. Il peut arriver que, dans son voisinage ou dans le cercle de ses connaissances, il y ait des malades, des personnes âgées, des enfants, des immigrés, qui, précisément le dimanche, ressentent plus vivement encore leur solitude, leur pauvreté, la souffrance liée à leur condition. A leur égard, l'engagement ne peut certainement pas se limiter à des initiatives dominicales sporadiques, mais pourquoi, sur le fond de cette attitude d'engagement plus global, ne pas donner durant le jour du Seigneur une

116. *Homélies sur l'Evangile de Matthieu,* 50, 3-4 : *PG* 58, 508-509.

117. Cf. S. Paulin de Nole, Lettre 13, 11-12 à Pammaque : *CSEL* 29, pp. 92-93. Le sénateur romain est loué justement pour avoir comme refait le miracle évangélique, joignant à la participation à l'Eucharistie la distribution de nourriture aux pauvres.

place plus grande au partage, en utilisant toutes les ressources dont dispose la charité chrétienne ? Inviter à sa table une personne seule, faire une visite à des malades, donner à manger à une famille dans le besoin, consacrer une heure à certaines activités bénévoles et de solidarité, ce serait à coup sûr une façon d'introduire dans la vie la charité du Christ puisée à la Table eucharistique.

73. Ainsi vécus, l'Eucharistie dominicale, mais aussi le dimanche dans son ensemble deviennent une grande école de charité, de justice et de paix. La présence du Ressuscité au milieu des siens se fait appel à la solidarité, elle pousse à un renouvellement intérieur, elle incite à changer les structures de péché qui enserrent les personnes, les communautés, parfois les peuples entiers. Le dimanche chrétien est donc tout autre chose qu'une évasion. Il est plutôt une « prophétie » inscrite dans le temps, une prophétie qui oblige les croyants à suivre les pas de Celui qui est venu « porter la bonne nouvelle aux pauvres, annoncer aux captifs la délivrance et aux aveugles le retour à la vue, renvoyer en liberté les opprimés, proclamer une année de grâce du Seigneur » (*Lc* 4, 18-19). À son école, dans la mémoire dominicale de la Pâque et se souvenant de sa promesse : « Je vous laisse la paix ; c'est ma paix que je vous donne » (*Jn* 14 27), le croyant devient à son tour *artisan de paix*.

Chapitre V

DIES DIERUM
Le dimanche, fête primordiale
révélant le sens du temps

Le Christ, Alpha et Oméga du temps

74. « Dans le christianisme, le temps a une importance fondamentale. C'est dans sa dimension que le monde est créé, c'est en lui que se déroule l'histoire du salut, qui a son apogée dans 'la plénitude du temps'de l'Incarnation et atteint sa fin dans le retour glorieux du Fils de Dieu à la fin des temps. En Jésus Christ, Verbe incarné, le temps devient une dimension de Dieu, qui est en lui-même éternel ».[118]

À la lumière du Nouveau Testament, les années de l'existence terrestre du Christ constituent réellement le *centre du temps.* Ce centre a son sommet dans la résurrection. S'il est vrai, en effet, qu'il est Dieu fait homme dès le premier moment de sa conception dans le sein de la Vierge sainte, il est vrai également que c'est seulement par la résurrection que son humanité est totalement transfigurée et glorifiée, révélant ainsi pleinement son identité et sa gloire divine. Dans le discours qu'il a prononcé à la synagogue d'Antioche de Pisidie (cf. *Ac* 13, 33), Paul applique justement à la résurrection du Christ ce que dit le Psaume 2 : « Tu es mon fils, moi-même aujourd'hui je t'ai engendré » (v. 7). C'est précisément pour cela que, dans la

118. Jean-Paul II, Lettre apost. *Tertio millennio adveniente* (10 novembre 1994), n. 10 : *AAS* 87 (1995); p. 11.

célébration de la Veillée pascale, l'Église présente le Christ ressuscité comme le Commencement et la Fin, l'Alpha et l'Oméga. Ces mots, prononcés par le célébrant lors de la préparation du cierge pascal, sur lequel est gravé le chiffre de l'année en cours, mettent en lumière le fait que « le Christ est le Seigneur du temps, il est son commencement et son achèvement; chaque année, chaque jour, chaque moment, est inclus dans son incarnation et dans sa résurrection pour se retrouver ainsi dans la 'plénitude du temps' ».[119]

75. Le dimanche étant la Pâque hebdomadaire, où est rappelé et rendu présent le jour où le Christ est ressuscité d'entre les morts, c'est aussi le jour qui révèle le sens du temps. Il n'y a pas de relation avec les cycles cosmiques, selon lesquels la religion naturelle et la culture humaine tendent à rythmer le temps, cédant éventuellement au mythe de l'éternel retour. Le dimanche chrétien est bien autre chose ! Jaillissant de la Résurrection, il traverse le temps de l'homme, les mois, les années, les siècles, comme une flèche qui les pénètre en les tournant vers le but de la seconde venue du Christ. Le dimanche préfigure le jour final, celui de la *Parousie*, déjà anticipé en quelque sorte par la gloire du Christ dans l'événement de la Résurrection.

En effet, tout ce qui arrivera, jusqu'à la fin du monde, ne sera qu'une expansion et une explicitation de ce qui est arrivé le jour où le corps martyrisé du Crucifié est ressuscité par la puissance de l'Esprit et est devenu à son tour la source de l'Esprit pour l'humanité. C'est pourquoi le chrétien sait qu'il ne doit pas attendre un autre temps du salut, parce que le monde, quelle que soit sa durée chronologique, vit déjà dans le *dernier temps*. Non seulement l'Église mais aussi le cosmos lui-même et l'histoire sont

119. *Ibid.*

continuellement dirigés et guidés par le Christ glorifié. C'est cette énergie de vie qui pousse la création, qui « gémit et souffre en travail d'enfantement » (*Rm* 8, 22), vers le but de sa rédemption complète. De cette marche, l'homme ne peut avoir qu'une intuition obscure ; les chrétiens en ont la clé et la certitude, et la sanctification du dimanche est un témoignage significatif qu'ils sont appelés à donner pour que les temps de l'homme soient toujours soutenus par l'espérance.

Le dimanche dans l'année liturgique

76. Si le jour du Seigneur, avec son retour hebdomadaire, est enraciné dans la tradition la plus ancienne de l'Église et a une importance vitale pour le chrétien, un autre rythme n'a pas tardé à s'affirmer : *le cycle annuel*. Il est en effet conforme à la psychologie humaine de célébrer les anniversaires, en associant au retour des dates et des saisons le souvenir d'événements passés. Et quand il s'agit d'événements décisifs pour la vie d'un peuple, il est normal que leur anniversaire suscite un climat de fête qui vient rompre la monotonie des jours.

Or, les événements majeurs du salut sur lesquels repose la vie de l'Église ont été, selon le dessein de Dieu, étroitement liés à la Pâque et à la Pentecôte, fêtes annuelles des juifs, et ils ont été prophétiquement préfigurés dans ces fêtes. Depuis le deuxième siècle, la célébration par des chrétiens de la Pâque annuelle, s'ajoutant à celle de la Pâque hebdomadaire, a permis de donner une plus grande ampleur à la méditation du mystère du Christ mort et ressuscité. Précédée d'un jeûne qui la prépare, célébrée au cours d'une longue veillée, prolongée par les cinquante jours qui mènent à la Pentecôte, la fête de Pâques, « solennité des solennités », est devenue le jour par excellence de l'initiation des catéchumènes. Si, en effet, par le baptême, ils meurent au péché et ressuscitent à une vie nouvelle, c'est parce que Jésus a été « livré pour nos fautes et ressuscité pour notre justification » (*Rm* 4, 25; cf. 6, 3-11). Étroitement connexe au mystère pascal, la fête de la Pentecôte, où l'on célèbre la venue de l'Esprit Saint sur les Apôtres, réunis avec Marie, et le début de la mission vers tous les peuples, prend elle aussi un relief spécial.[120]

77. Une semblable logique commémorative a présidé à la structuration de toute l'année liturgique. Comme le rappelle le Concile Vatican II, l'Église a voulu déployer au cours de l'année « tout le mystère du Christ, de l'Incarnation et la Nativité jusqu'à l'Ascension, jusqu'au jour de la Pentecôte et jusqu'à l'attente de la bienheureuse espérance et de l'avènement du Seigneur. En célébrant ainsi les mystères de la Rédemption, elle ouvre aux fidèles les richesses de la puissance et des mérites de son Seigneur, de telle sorte que ces mystères sont en quelque sorte rendus présents tout le temps et que les fidèles sont mis en contact avec eux et remplis par la grâce du salut ».[121]

Après Pâques et la Pentecôte, une autre fête très solennelle est indubitablement celle de la Nativité du Seigneur, où les chrétiens méditent le mystère de l'Incarnation et contemplent le Verbe de Dieu qui daigne assumer notre humanité pour nous rendre participants de sa divinité.

78. De même, « en célébrant ce cycle annuel des mystères du Christ, la sainte Église vénère avec un amour particulier la bienheureuse Marie, Mère de Dieu, qui est unie à l'œuvre salvifique de son Fils par

120. Cf. *Catéchisme de l'Eglise catholique*, nn. 731-732.
121. Const. sur la sainte Liturgie *Sacrosanctum Concilium*, n. 102.

un lien indissoluble ».[122] De la même manière, en introduisant dans le cycle annuel, à l'occasion de leurs anniversaires, les mémoires des martyrs et d'autres saints, « l'Église proclame le mystère pascal en ces saints qui ont souffert avec le Christ et sont glorifiés avec lui ».[123] La mémoire des saints, célébrée dans l'esprit authentique de la liturgie, ne masque pas la place centrale du Christ; elle l'exalte au contraire en montrant la puissance de sa rédemption. Comme le chante saint Paulin de Nole, « tout passe, la gloire des saints dure dans le Christ, qui renouvelle tout tandis qu'il reste le même ».[124] Ce rapport intrinsèque entre la gloire des saints et celle du Christ est inscrit dans le statut même de l'année liturgique, et il trouve précisément dans le caractère fondamental et dominant du dimanche, en tant que jour du Seigneur, son expression la plus significative. En suivant les temps de l'année liturgique dans l'observance du dimanche qui le rythme tout entier, l'engagement ecclésial et spirituel du chrétien est profondément centré sur le Christ, en qui il trouve sa raison d'être et auprès de qui il puise sa nourriture et son stimulant.

79. Le dimanche apparaît comme le modèle naturel pour comprendre et célébrer les solennités de l'année liturgique dont la valeur pour l'existence chrétienne est si grande que l'Église a décidé d'en souligner l'importance en établissant pour les fidèles l'obligation de participer à la Messe et d'observer le repos, bien qu'elles tombent un jour de semaine.[125] Le

122. *Ibid.*, n. 103.
123. *Ibid.*, n. 104.
124. *Carm. XVI*, 3-4 : « *Omnia prætereunt, sanctorum gloria durat / in Christo qui cuncta novat dum permanet ipse* » : *CSEL* 30, p. 67.
125. Cf. *Code de Droit canonique,* can. 1247 ; *Code des Canons des Eglises orientales*, can. 881, §§ 1 et 4.

nombre de ces fêtes a varié selon les époques, compte tenu des conditions sociales et économiques, comme aussi de leur enracinement dans la tradition, en plus de l'appui de la législation civile.[126]

L'actuelle réglementation canonique et liturgique prévoit la possibilité que chaque Conférence épiscopale, en raison de circonstances propres à tel ou tel pays, réduise la liste des fêtes d'obligation. Une éventuelle décision dans ce sens doit être confirmée par une approbation spécifique du Siège apostolique,[127] et, dans ce cas, la célébration d'un mystère du Seigneur, comme l'Épiphanie, l'Ascension ou la solennité du Corps et du Sang du Christ, doit être reportée au dimanche, selon les normes liturgiques, afin que les fidèles ne soient pas privés de la méditation du mystère.[128] Les Pasteurs auront à cœur d'encourager les fidèles à participer aussi à la Messe à l'occasion des fêtes d'une certaine importance célébrées au cours de la semaine.[129]

80. Il faut aborder le problème pastoral spécifique concernant les situations fréquentes où des traditions

126. De par le droit commun, dans l'Eglise latine, les fêtes d'obligation sont la Nativité de notre Seigneur Jésus Christ, l'Epiphanie, l'Ascension, le Saint-Sacrement du Corps et du Sang du Christ, Sainte Marie Mère de Dieu, l'Immaculée Conception, l'Assomption de la Vierge Marie, saint Joseph, saints Pierre et Paul Apôtres, Tous les Saints : cf. *Code de Droit canonique*, can. 1246. Les fêtes d'obligation communes à toutes les Eglises orientales sont la Nativité de notre Seigneur Jésus Christ, l'Epiphanie, l'Ascension, la Dormition de Sainte Marie Mère de Dieu, les Saints Apôtres Pierre et Paul : cf. *Code des Canons des Eglises orientales*, can. 880, § 3.

127. Cf. *Code de Droit canonique*, can. 1246, § 2 ; pour les Eglises orientales, cf. *Code des Canons des Eglises orientales*, can. 880, § 3.

128. Cf. S. Congr. des Rites, Normæ universales de *Anno liturgico et de Calendario* (21 mars 1969), nn. 5-7 : *Enchiridion Vaticanum* 3, nn. 895-897.

129. Cf. *Cæremoniale Episcoporum* : *ed. typica*, n. 230.

populaires et culturelles propres à un milieu risquent d'envahir la célébration des dimanches et des autres fêtes liturgiques, en mêlant à l'esprit de la foi chrétienne authentique des éléments qui lui sont étrangers et qui pourraient la défigurer. Dans ces cas, il faut parler clairement, dans la catéchèse et des interventions pastorales opportunes, en écartant ce qui est inconciliable avec l'Évangile du Christ. Mais il ne faut pas oublier que de telles traditions – et cela vaut analogiquement pour de nouvelles propositions culturelles de la société civile – ne sont souvent pas dépourvues de valeurs qui s'harmonisent sans difficulté avec les exigences de la foi. Il appartient aux Pasteurs d'opérer un discernement qui sauvegarde les valeurs présentes dans la culture d'un contexte social déterminé, et surtout dans la religiosité populaire, faisant en sorte que la célébration liturgique, notamment celle des dimanches et des fêtes, n'en souffre pas mais en tire plutôt avantage.[130]

130. Cf. *Ibid.*, n. 233.

CONCLUSION

81. La richesse spirituelle et pastorale du dimanche, telle que la tradition nous l'a transmise, est vraiment grande. Prise dans toute sa signification et avec toutes ses implications, elle est en quelque sorte une synthèse de la vie chrétienne et une condition pour bien la vivre. On comprend donc pourquoi l'observance du jour du Seigneur tient particulièrement à cœur à l'Église, et pourquoi elle reste précisément une véritable obligation dans le cadre de la discipline ecclésiale. Cette observance, avant même d'être un précepte, doit cependant être ressentie comme un besoin inscrit au plus profond de l'existence chrétienne. Il est vraiment d'une importance capitale que tout fidèle soit convaincu qu'il ne peut vivre sa foi dans la pleine participation à la vie de la communauté chrétienne sans prendre part régulièrement à l'assemblée eucharistique dominicale. Si dans l'Eucharistie se réalise la plénitude du culte que les hommes doivent à Dieu, et qui n'a d'équivalent dans aucune autre expérience religieuse, cela s'exprime avec une efficacité particulière dans l'assemblée dominicale de toute la communauté, obéissant à la voix du Ressuscité qui la convoque pour lui donner la lumière de sa Parole et la nourriture de son Corps comme source sacramentelle permanente de rédemption. La grâce qui jaillit de cette source renouvelle les hommes, la vie, l'histoire.

82. C'est avec cette forte conviction de foi, accompagnée aussi de la conscience du patrimoine de va-

leurs humaines présentes dans la pratique dominicale, que les chrétiens d'aujourd'hui doivent se situer par rapport aux sollicitations d'une culture qui a, et c'est heureux, compris la nécessité du repos et du temps libre, mais qui la vit souvent de manière superficielle et qui se laisse parfois séduire par des formes de divertissement qui sont moralement discutables. Certes, le chrétien se sent solidaire des autres hommes pour jouir du jour de repos hebdomadaire; mais en même temps il est vivement conscient de la nouveauté et de l'originalité du dimanche, jour où il est appelé à célébrer son salut et celui de l'humanité entière. Si c'est un jour de joie et de repos, cela vient précisément du fait qu'il est le « jour du Seigneur », le jour du Seigneur ressuscité.

83. Perçu et vécu ainsi, le dimanche devient un peu l'âme des autres jours, et en ce sens on peut rappeler la réflexion d'Origène, selon qui le chrétien parfait « est sans cesse dans les jours du Seigneur et célèbre sans cesse des dimanches ».[131] Le dimanche est une école authentique, un itinéraire permanent de pédagogie ecclésiale. Pédagogie irremplaçable, surtout dans les conditions actuelles de la société, toujours plus fortement marquée par la désagrégation et par le pluralisme culturel qui mettent continuellement à l'épreuve la fidélité des chrétiens aux exigences spécifiques de leur foi. Dans de nombreuses parties du monde s'amorce la condition d'un christianisme de la « diaspora », c'est-à-dire marqué par une situation de dispersion où les disciples du Christ n'arrivent plus à maintenir facilement le contact entre eux et où ils ne sont plus soutenus par les structures et les traditions propres à la culture chrétienne. Dans ce contexte pro-

131. *Contre Celse* VIII, 22 : SC 150, pp. 222-225.

blématique, la possibilité de se retrouver le dimanche avec tous leurs frères dans la foi, en échangeant les dons de la fraternité, est une aide irremplaçable.

84. Destiné à soutenir la vie chrétienne, le dimanche acquiert naturellement aussi une valeur de témoignage et d'annonce. Jour de prière, de communion, de joie, il se reflète sur la société, irradiant des énergies de vie et des motifs d'espérance. Il est l'annonce que le temps, habité par Celui qui est ressuscité et qui est le Seigneur de l'histoire, n'est pas le tombeau de nos illusions mais le berceau d'un avenir toujours nouveau, la possibilité qui nous est donnée de transformer les instants fugitifs de cette vie en semences d'éternité. Le dimanche est une invitation à regarder en avant, il est le jour où la communauté chrétienne lance au Seigneur son cri « *Marána tha* : viens, Seigneur ! » (*1 Co* 16, 22). Dans ce cri d'espérance et d'attente, elle accompagne et soutient l'espérance des hommes. Et de dimanche en dimanche, éclairée par le Christ, elle avance vers le dimanche sans fin de la Jérusalem céleste, quand sera achevée en tous ses éléments la Cité mystique de Dieu, qui « peut se passer de l'éclat du soleil et de celui de la lune, car la gloire de Dieu l'a illuminée, et l'Agneau lui tient lieu de flambeau » (*Ap* 21, 23).

85. Dans cet effort tendu vers le terme, l'Église est soutenue et animée par l'Esprit. Il réveille sa mémoire et actualise pour toutes les générations de croyants l'événement de la résurrection. Il est le don intérieur qui nous unit au Ressuscité et à nos frères dans l'intimité d'un seul corps, ravivant notre foi, répandant en nos cœurs la charité et ranimant notre espérance. L'Esprit est présent sans interruption en chaque jour de l'Église, répandant de manière imprévisible et gé-

néreuse la richesse de ses dons ; mais dans la rencontre dominicale pour la célébration hebdomadaire de Pâques, l'Église se met spécialement à son écoute et est tendue avec lui vers le Christ, dans le désir ardent de son retour glorieux : « L'Esprit et l'Épouse disent : 'Viens !' » (*Ap* 22, 17). C'est en raison du rôle de l'Esprit que j'ai désiré que cette exhortation à redécouvrir le sens du dimanche vienne cette année qui, dans la préparation immédiate au Jubilé, est consacrée à l'Esprit Saint.

86. Je confie l'accueil actif de cette Lettre apostolique par la communauté chrétienne à l'intercession de la Vierge Sainte. Sans rien enlever à la place centrale du Christ et de son Esprit, elle est présente à chaque dimanche de l'Église. Le mystère même du Christ l'exige : comment pourrait-elle en effet, elle qui est la *Mater Domini* et la *Mater Ecclesiæ*, ne pas être présente à un titre spécial le jour qui est à la fois *dies Domini* et *dies Ecclesiæ* ?

C'est vers la Vierge Marie que regardent les fidèles qui écoutent la Parole proclamée dans l'assemblée dominicale, apprenant d'elle à la garder et à la méditer dans leur cœur (cf. *Lc* 2, 19). Avec Marie, ils apprennent à se tenir au pied de la croix pour offrir au Père le sacrifice du Christ et y unir l'offrande de leur vie. Avec Marie, ils vivent la joie de la résurrection, faisant leurs les paroles du *Magnificat* qui chantent le don inépuisable de la miséricorde divine dans le déroulement inexorable du temps : « Sa miséricorde s'étend d'âge en âge sur ceux qui le craignent » (*Lc* 1, 50). D'un dimanche à l'autre, le peuple pèlerin suit les traces de Marie, dont l'intercession maternelle rend particulièrement intense et efficace la prière que l'Église élève à la Très Sainte Trinité.

87. Chers Frères et Sœurs, l'imminence du Jubilé nous invite à approfondir notre engagement spirituel et pastoral. C'est là, en effet, son vrai but. En l'année où il sera célébré, beaucoup d'initiatives le caractériseront et lui donneront la marque particulière que ne peut manquer d'avoir la conclusion du deuxième millénaire et le début du troisième depuis l'Incarnation du Verbe de Dieu. Mais cette année-là et ce temps spécial passeront, en attendant d'autres jubilés et d'autres anniversaires solennels. Le dimanche, avec sa « solennité » ordinaire, restera pour rythmer le temps du pèlerinage de l'Église, jusqu'au dimanche sans déclin.

C'est pourquoi je vous exhorte, chers Frères dans l'épiscopat et dans le sacerdoce, à œuvrer inlassablement avec les fidèles pour que la valeur de ce jour sacré soit toujours mieux reconnue et vécue. Cela portera du fruit dans les communautés chrétiennes et ne manquera pas d'exercer une influence bénéfique sur toute la société civile.

Puissent les hommes et les femmes du troisième millénaire rencontrer le Christ ressuscité lui-même en voyant l'Église qui, chaque dimanche, célèbre dans la joie le mystère où elle puise toute sa vie ! Et puissent ses disciples, en se renouvelant constamment dans le mémorial hebdomadaire de la Pâque, être des annonciateurs toujours plus crédibles de l'Évangile qui sauve, et des bâtisseurs dynamiques de la civilisation de l'amour !

À tous, je donne ma Bénédiction.

Du Vatican, le 31 mai 1998, solennité de la Pentecôte, en la vingtième année de mon pontificat.

Joannes Paulus PP. II

TABLE

BIBLIOGRAPHIE

Documents disponibles à notre librairie :

Rerum novarum et *Quadragesimo anno*
(sur la restauration de l'ordre social - Pie XI)
Mediator Dei (sur la sainte Liturgie - Pie XII)
Sacrosanctum concilium (sur la sainte Liturgie - Paul VI)
Lumen gentium (sur l'Église - Paul VI)
Gaudium et spes (sur l'Église dans le monde - Paul VI)
Dei Verbum (sur la Révélation divine - Paul VI)
Communio et progressio
(sur les communications sociales - Paul VI)
Gaudete in Domino (sur la joie chrétienne - Paul VI)
Dominum et vivificantem (sur l'Esprit Saint - Jean Paul II)
Familiaris consortio
(sur les tâches de la famille chrétienne - Jean Paul II)
Christi fideles laici
(sur la vocation et la mission des laïcs - Jean Paul II)
Dominicae cenae
(mystère et culte de la sainte Eucharistie - Jean Paul II)
Catéchisme de l'Église Catholique (Jean Paul II)
Ecclesiae de mysterio (sur la collaboration des fidèles laïcs au ministère des prêtres - Jean Paul II)
Sacerdotium ministeriale
(sur le ministre de l'Eucharistie - Jean Paul II)
Tertio millennio adveniente
(sur le troisième millénaire - Jean Paul II)

La liste des Documents pontificaux (de Pie IX à Jean Paul II) peut nous être demandée.

DISCOURS DU PAPE

et chronique romaine

ÉDITION SPÉCIALE DU MERCREDI

Chaque semaine le discours du Pape
et l'actualité du Vatican
pour seulement 160 F par an

Chaque mercredi,
son **AUDIENCE GÉNÉRALE**
Chaque dimanche,
son **ANGELUS**
Chaque semaine,
sa **CHRONIQUE ROMAINE**

Les *Discours du Pape et Chronique romaine* vous apportent – sur des thèmes variés – l'enseignement lumineux du Pape et les principales nouvelles de l'Église.

Abonnement annuel
France : 160F

Possibilités
d'abonnement collectif
(par multiple - nous consuler)

DOCUMENTS PONTIFICAUX

L'abonnement (200 F) permet de recevoir dans les jours suivant la parution à Rome, chaque encyclique, exhortation, ou autres documents importants.

Les abonnés bénéficient d'une réduction de 10 % sur le prix de vente au catalogue, l'acompte est progressivement déduit au fur et à mesure des expéditions.

ACHEVÉ D'IMPRIMER LE 8 JUILLET 1998
SUR LES PRESSES DES ÉDITIONS TÉQUI
53150 SAINT-CÉNERÉ
N° D'ÉDITION : T53 1176
DÉPOT LÉGAL : JUILLET 1998